신화, 과학을 들어 올리다

웅진 주니어

신화, 과학을 들어 올리다

초판 1쇄 발행 | 2010년 3월 8일
초판 6쇄 발행 | 2018년 8월 9일
지은이 정창훈 | **그린이** 민은정
펴낸이 이재진 | **연구개발실장** 장윤선 | **편집인** 이화정
편집주간 송재우 | **편집** 한재준 | **디자인** 손미선
마케팅 신동익, 정지운 | **제작** 신홍섭

펴낸곳 (주)웅진씽크빅
주소 경기도 파주시 회동길 20 (우)10881
주문전화 02)3670-1005, 1024 | **팩스** 031)949-1014
문의전화 031)956-7351(편집), 02)3670-1005(영업)
홈페이지 wjbooks.co.kr/WJBooks/Junior | **블로그** wj_junior.blog.me
페이스북 www.facebook.com/wjbook | **트위터** @wjbooks | **인스타그램** @woongjin_junior
출판신고 1980년 3월 29일 제406-2007-00046호 | **제조국** 대한민국

ⓒ 정창훈, 2010(저작권자와 맺은 특약에 따라 검인을 생략합니다)
ISBN 978-89-01-10583-3 ISBN 978-89-01-05496-4 (세트)

웅진주니어는 (주)웅진씽크빅의 유아·아동·청소년 도서 브랜드입니다.
이 책은 저작권법에 따라 보호받는 저작물이므로 무단전재와 무단복제를 금지하며,
이 책 내용의 전부 또는 일부를 이용하려면 반드시 저작권자와 (주)웅진씽크빅의 서면 동의를 받아야 합니다.
이 도서의 국립중앙도서관 출판예정도서목록(CIP)은 국가자료공동목록시스템 홈페이지(http://www.nl.go.kr/kolisnet)에서
이용하실 수 있습니다.(CIP제어번호:CIP 2010000625)

잘못 만들어진 책은 바꾸어 드립니다.
※주의 1_책 모서리가 날카로워 다칠 수 있으니 사람을 향해 던지거나 떨어뜨리지 마십시오. 2_보관 시 직사광선이나 습기 찬 곳은 피해 주십시오.
웅진주니어는 환경을 위해 콩기름 잉크를 사용합니다.

신화, 과학을 들어올리다

정창훈 글 | 민은정 그림

웅진주니어

[차 례]

1. 강의 탄생과 지구 표면의 변화 아켈로스와 헤라클레스의 격투기 8
| 신화 속 숨은 과학 이야기 | 강의 탄생과 아켈로스의 탄생 12
구불거리며 흐르는 강, 사행천 14 | 강에서 떨어져 나간 호수, 우각호 16

2. 마그마가 꿈틀거리는 화산 제우스와 거인 신들의 전쟁 20
| 신화 속 숨은 과학 이야기 | 우리가 보는 하늘은 두꺼운 대기 24
달과 별이 떨어지지 않는 이유 26
지구 생명체, 가이아 27 | 티폰의 몸부림, 화산과 지진 28

3. 지구의 자전과 별의 일주 운동 칼리스토와 아르카스 32
| 신화 속 숨은 과학 이야기 | 별과 별자리의 이름 36 | 밤새도록 보이는 별, 주극성 38
위도에 따라 달라지는 주극성과 출몰성 39 | 해시계와 별시계 41

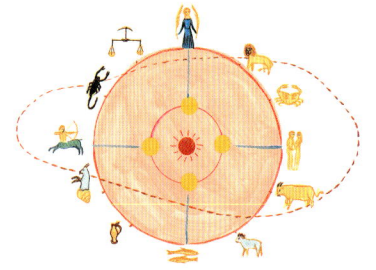

4. 태양이 지나는 길, 황도 파에톤의 태양마차 44
| 신화 속 숨은 과학 이야기 | 태양이라는 이름의 별 48
여러 개의 이름을 가진 금성 49 | 태양이 지나는 길, 황도 51
행성 궤도의 기울기는 서로 다르다 53
에티오피아 사람들의 피부색 54

5. 계절의 변화와 별자리 지하 세계의 페르세포네 58
| 신화 속 숨은 과학 이야기 | 처녀자리의 주인공 페르세포네 62
태양 고도와 계절 63 | 지구 자전축의 기울기와 태양 고도 65
식물의 싹이 트는 조건 66

6. 모습을 바꾸는 생물들 매미가 된 티토노스 70

| 신화 속 숨은 과학 이야기 | 알에서 매미가 태어나기까지 74
완전 변태와 불완전 변태 76 | 올챙이와 개구리 78

7. 소리와 소리의 반사 에코와 나르키소스 82

| 신화 속 숨은 과학 이야기 | 물체의 진동에서 시작되는 소리 86
작게 들리는 메아리 88 | 에코를 잡아라! 89
에코의 선물, 에코로케이션 91

8. 거울과 물체의 상 페르세우스의 방패 거울 94

| 신화 속 숨은 과학 이야기 | 나르키소스의 물거울 98 | 방패 거울은 볼록 거울 100
지구의 껍데기, 지각 102 | 카시오페이아자리와 북극성 103

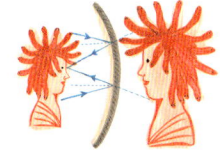

9. 지구의 보호막 대기 다이달로스와 이카로스 106

| 신화 속 숨은 과학 이야기 | 우리 주변에 가득한 공기 110 | 날개의 비밀, 양력 111
고도와 기온의 변화 113 | 낮과 밤의 바람의 방향 114

10. 물질과 물질의 변화 미다스 왕의 황금 손과 당나귀 귀 118

| 신화 속 숨은 과학 이야기 | 물질을 이루는 요소, 원소 122 | 진짜 원소를 발견하다! 124
황금을 만들 수 있다! 126 | 소리를 잘 듣는 당나귀의 귀 128

11. 여러 종류의 동물과 우리 몸의 기관 프로메테우스의 시련 132

| 신화 속 숨은 과학 이야기 | 창조론과 진화론 136 | 여러 가지 동물의 분류 138
세포와 기관 140 | 프로메테우스의 간 142

"신화는 일들이 어떻게 일어나는가를 설명하려는
최초의 서툰 시도, 즉 과학의 선조이다."

- 비얼레인(J. F. Bierlein) -

아켈로스와 헤라클레스의 격투기

아켈로스는 그리스 신화에 나오는 강의 신이에요. 힘도 세고 무엇이든지 원하는 모습으로 변신도 아주 잘했지요. 그중에서도 아켈로스는 구불거리는 몸을 가진 뱀과 성난 뿔을 가진 황소로 변하는 것을 좋아했어요. 그런데 이제는 황소로 변신을 해도 뿔이 하나밖에 없었어요. 황소는 커다란 뿔에서 힘이 나오는데 말이지요. 아켈로스가 뿔을 하나 잃게 된 데는 사연이 있답니다. 세상에 두려울 것 없는 아켈로스였지만 천하장사 헤라클레스와 한바탕 싸움을 벌이다가 그만 뿔을 하나 뽑히고 말았지요.

아이톨리아에는 데이아네이라라는 아름다운 공주가 있었어요. 얼마나 아름다운 공주였는지 그녀와 결혼하겠다고 전국에서 수많은 젊은이들이 몰려들었지요. 그중에는 천하장사 헤라클레스와 강의 신 아켈로스도 끼어 있었어요. 영웅과 강의 신을 본 다른 젊은이들은 자신들이 그 둘의 상대가 안 된다고 생각하고 데이아네이라 공주를 헤라클레스와 아켈로스에게 양보했지요. 과연 누가 아름다운 공주와 결혼하게 될 것인지 모두가 궁금해 했어요. 헤라클레스와 아켈로스는 한동안 서로 노려보며 기 싸움을 했지요. 헤라클레스가 먼저 입을 열었어요.

"나는 최고의 신인 제우스의 아들이오. 또 나의 계모 헤라는 나에게 12가지 어려운 일을 시켰지만, 나는 그 모든 일을 무사히 끝냈소. 세상에서 가장 아름다운 데이아네이라 공주의 짝이 될 수 있는 사람은 나밖에 없을 거요."

사실 제우스의 부인이자 헤라클레스의 계모인 헤라는 헤라클레스를 아주 미워했어요. 그래서 12가지 어려운 일을 시켜 헤라클레스를 죽이려고 했지요. 아켈로스는 그런 약점을 끄집어냈어요.

"아름다운 공주여. 나는 그대의 나라를 구불거리며 흐르는 강을 다스리고 있소. 헤라클레스처럼 떠돌이가 아니란 말이오. 또 헤라클레스는 자신의 모험을 자랑하고 있지만 그건 자신의 어미가 악독하다고 떠드는 것과 같소. 그런 불효자가 어찌 아름다운 공주의 남편이 될 수 있겠소."

 헤라클레스는 자신과 헤라의 껄끄러운 관계를 들춰 자신을 망신 주려고 하는 아켈로스를 노려봤어요. 그리고 말로 해서는 아켈로스를 당할 수 없다는 것을 알고 힘으로 결판을 내자고 했지요. 결국 헤라클레스와 아켈로스의 격투기 한판이 벌어졌어요.

 천하장사 헤라클레스와 몸집이 큰 아켈로스는 엎치락뒤치락하며 싸웠어요. 헤라클레스가 아무리 공격을 해도 몸집이 큰 아켈로스는 끄떡도 하지 않았어요. 싸움은 계속되었지요. 서로 버티며 한 발자국도 물러서지 않으려고 했어요. 머리로 받으려는 아켈로스를 헤라클레스가 세 번이나 밀쳐 냈어요. 그리고 네 번째에는 헤라클레스가 아켈로스를 넘어뜨리고 등에 올라탔지요. 마치 커다란 산이 아켈로스를 짓누르는 것만 같았어요. 아켈로스는 꼼짝할 수 없었어요. 도저히 힘으로는 헤라클레스를 당해 낼 수 없다고 생각한 아켈로스는 그 순간 뱀으로 변해 간신히 빠져나왔지요.

 뱀으로 변한 아켈로스는 똬리를 틀고 혀를 날름거리며 헤라클레스를 위협했어요. 헤라클레스는 겁도 없이 뱀의 목을 꽉 쥐었지요. 그러고는 이렇게 외쳤어요.

"뱀이라면 내가 요람에 있을 때 해치운 것이오."

아켈로스는 숨이 막힐 것 같았어요. 그래서 성난 황소로 변해 헤라클레스에게 달려들었지요. 헤라클레스는 황소의 뿔을 잽싸게 피하며 목을 감아쥐었어요. 그러고는 모래톱에 내동댕이쳤지요.

황소로 변한 아켈로스는 처참하게 널브러졌어요. 헤라클레스는 무자비하게 황소의 뿔 하나를 뽑아냈지요. 물의 님프 나이아스는 그 뿔을 받아 들었어요. 그리고 그 뿔을 과일과 향기로운 꽃으로 가득 채워 신성한 물건으로 만들었지요. 그 뿔에는 언제나 과일과 꽃이 가득했어요. 그래서 그 뿔은 풍요의 뿔이라는 뜻을 가진 코르누코피아라고 불리게 되었지요.

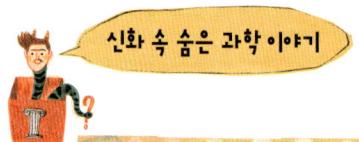
신화 속 숨은 과학 이야기

고대 그리스 사람들은 강이나 바다 같은 자연을 신이라 생각했어요. 신은 사람의 모습을 하고 있으며 사람마다 성격이 다르듯 신에게도 성격이 있다고 믿었지요. 강은 때로는 뱀처럼 구불거리며 흐르고 때로는 황소처럼 거칠게 흐르지요. 그리스 사람들은 이처럼 변하는 강의 모습이 아켈로스의 변신술과 닮았다고 생각한 거예요. 그럼 황소의 뿔이 뽑혀서 풍요의 뿔이 되는 게 어떤 의미인지 알아보기로 해요.

강의 탄생과 아켈로스의 탄생

세상에 맨 처음부터 있었던 것은 없어요. 모든 것이 만들어지고 변하고 사라지지요. 강도 마찬가지예요. 강을 만드는 것은 물이에요.

땅에는 물이 가득해요. 햇볕이 따뜻하게 내리쬐면 강과 호수와 바다의 물은 수증기가 되어 공중으로 날아가지요. 그런데 하늘 높은 곳은 아주 춥기 때문에 수증기가 얼음 알갱이로 변하고 이 얼음 알갱이들이 모여 구

헤라클레스가 그리스 신화에 나오는 괴물인 히드라와 싸우고 있다.

따뜻한 햇볕이 물을 증발시키고 다시 비나 눈이 되어 떨어진다.

름을 이뤄요. 구름 속은 아주 소란스러워요. 얼음 알갱이들이 세찬 바람에 떠밀려 요동을 치거든요. 그러면서 얼음 알갱이들이 점점 커지기도 해요.

    구름 속의 얼음 알갱이들이 점점 커져서 무거워지면 땅으로 떨어지기 시작해요. 이것이 바로 눈과 비예요. 산에 쌓인 눈은 천천히 녹으면서 흘러내려요. 산에 내린 비는 비탈을 따라 곧장 흘러내리지요.

    물은 산비탈을 따라 흘러내리면서 여러 가지 일을 해요. 암석을 깎고 암석 조각을 아래쪽으로 옮기는 거예요. 그러는 동안 물길을 따라 깊은 골짜기가 만들어져요. 산에 내린 빗물은 이 골짜기를 따라 점점 세차게 흐르고, 물길은 산기슭의 낮은 곳까지 길게 뻗어 나가지요. 그리고 들을 가로질러 바다로 흘러들어요.

    이때 처음 물길이 만들어지면, 이후에도 계속 이 길로 물이 흘러요. 오랜

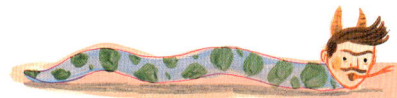

세월이 흐르면 이 물길이 점점 넓어지고 깊어지지요. 이제 거침없이 흐르는 강이 된 거예요.

　강은 사람들에게 생명의 젖줄이나 마찬가지예요. 사람들은 강물을 길어 먹기도 하고 농사를 짓기도 해요. 강이 마르면 가뭄에 시달리고, 강이 넘치면 홍수가 나지요. 이처럼 사람들의 삶은 강에 달렸어요. 그래서 사람들은 강을 신으로 여겼어요. 아켈로스의 신화도 그렇게 만들어졌답니다.

구불거리며 흐르는 강, 사행천

물은 왜 산에서 평야를 지나 바다로 흘러가는 것일까요? 지구는 모든 것을 끌어당겨요. 그 힘을 중력이라고 부르지요. 물은 중력 때문에 높은 곳에서 낮은 곳으로 흘러요. 그래서 높은 산꼭대기에서 낮은 바다로 물이 흐르는 거예요.

구부러진 강의 안쪽에는 점점 물질이 쌓이고 바깥쪽은 점점 깎이는 동안 강은 더욱 구부러진다.

강이 시작되는 산의 골짜기를 계곡이라고 불러요. 계곡은 경사가 급하고 물살이 빨라요. 굵은 암석 조각도 물살에 휩쓸려 내려갈 정도지요. 강이 시작되는 이 부분을 상류라고 불러요. 상류에서 내려온 물은 점점 느려지면서 넓어져요. 상류에서 이어지는 이 부분을 중류라고 불러요. 그리고 중류에서 바다로 이어지는 부분을 하류라고 부르지요.

만일 강물에 어떤 힘도 작용하지 않으면 강은 상류에서 중류와 하류를 거쳐 바다로 흘러들 때까지 반듯한 직선을 이룰 거예요. 하지만 강물은 흐르는 동안 단단한 암석에 부딪치기도 해요. 물은 약한 곳을 깎아 내며 흐르기 때문에 강은 구부러지지요. 강이 한 번 구부러지면 점점 더 심하게 구부러져요. 강의 양쪽에서 서로 다른 일이 일어나거든요.

강물이 세차게 흐르며 바닥을 깎아 내는 현상을 침식이라고 불러요. 깎여 나간 물질이 쌓이는 현상을 퇴적이라고 부르지요. 구부러진 곳을 흐르는 강물을 생각해 보세요. 강물의 바깥쪽에서는 물살이 빠르기 때문에 바닥이 깎여 나가요. 강물의 안쪽에서는 물살이 느리기 때문에 강물에 휩쓸려 내려온 물질이 쌓이지요.

구부러진 강의 안쪽에는 점점 물질이 쌓이고 바깥쪽은 점점 깎이는 동안 강은 더욱 구부러져요. 이렇게 구불거리며 흐르는 강을 사행천이라고 불러요. 사행이란 뱀처럼 구불거리며 흐른다는 뜻이에요.

그리스 신화에서 아켈로스는 헤라클레스에게 눌려 꼼짝 못하게 되자 뱀으로 변해 간신히 빠져나갔어요. 옛날 사람들은 세월이 지나며 점점 구부러지는 강줄기를 보고 강의 신 아켈로스가 뱀으로 변했다고 생각한 거예요.

강에서 떨어져 나간 호수, 우각호

헤라클레스는 모래톱에 널브러진 아켈로스의 뿔 하나를 뽑아 버렸어요. 강에 무슨 뿔이 있고, 그 뿔이 어째서 뽑혀 나간다는 말일까요? 사행천을 이루며 흐르는 강을 살펴보세요. 그림 (가)에서 바깥쪽에는 강물이 세차게 부딪쳐요. 그래서 이 부분은 점점 깎여 나가지요. 빨간색 부분에는 강물에 운반된 물질이 쌓여요.

침식과 퇴적이 되풀이 되면서 강은 그림 (나)처럼 잘록해져요. 자, 여기에

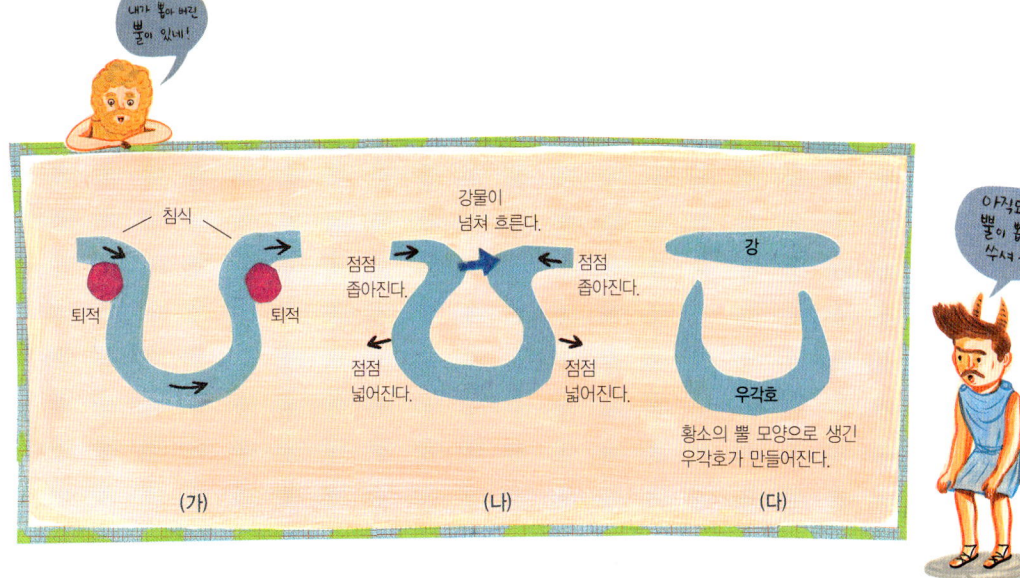

서 비가 많이 내려 강물이 불어났을 때를 생각해 보세요.

강물이 불면 물살이 마치 성난 황소처럼 세차게 흘러요. 뱀이 되어 구불거리던 아켈로스가 황소로 변한 거예요. 강물이 강의 잘록한 부분을 넘쳐흐르면 구불거리던 강이 곧게 뻗고, 구부러진 강줄기는 잘려 나가 호수가 되지요. 그림 (다)에서 호수의 모양을 보세요. 마치 황소의 뿔처럼 생기지 않았나요?

사람들은 강에서 잘려 나가 만들어진 호수를 우각호라고 불러요. 우각호란 황소의 뿔처럼 생긴 호수라는 뜻이에요. 신화에서 헤라클레스가 뽑아 버린 아켈로스의 뿔은 바로 우각호를 비유한 거예요.

우각호가 만들어지려면 강물이 넘쳐흘러야 해요. 그때 강물에 섞여 있던 여러 가지 물질도 함께 넘쳐 주변에 쌓이지요. 이 물질은 주변 땅을 비옥하게 만들어요. 그러니 우각호 주변에서는 여러 가지 농작물이 잘 자랄 거예요. 과

일과 곡식과 꽃으로 풍성한 우각호가 뭐겠어요? 그리스 신화에서는 이것을 코르누코피아, 즉 풍요의 뿔로 표현했어요.

제우스와 거인 신들의 전쟁

　제우스는 그리스 신화에 나오는 최고의 신이에요. 하지만 이런 자리를 차지하기까지 여러 차례 죽을 고비를 넘기고 무서운 싸움을 해야 했지요. 제우스의 아버지는 세상을 다스리던 최고의 신 크로노스였고, 어머니는 레아였어요. 크로노스와 레아는 모두 티탄이었지요. 티탄이란 거인 신을 말해요. 크로노스는 자식에게 자신의 자리를 빼앗길까 봐 두려워서 레아가 아이를 낳으면 모두 집어삼켰어요.

　레아는 크로노스의 어머니이자 대지의 여신인 가이아를 찾아가 이 일을 의논했지요. 그러자 가이아는 레아에게 한 가지 방법을 가르쳐 주었어요. 레아는 가이아가 알려 준 대로 제우스를 낳자 돌을 하나 가져와 포대기에 쌌어요. 그리고 자신이 낳은 아이라고 속였지요. 그러자 크로노스는 그 돌을 아이라고 생각하고 삼켰고, 레아는 크로노스 몰래 제우스를 키웠어요.

　어른이 된 제우스는 어떻게 하면 형제들을 구하고 아버지를 쫓아낼 수 있을지 고민했어요. 그리고는 먼저 약을 먹여 크로노스가 삼킨 제우스의 형제

들을 토하게 했지요. 제우스는 형제들과 힘을 합쳐 크로노스와 그의 형제들을 물리쳤어요. 이때 외눈박이 거인 삼형제와 손이 백 개 달린 백수 거인 삼형제는 제우스가 이길 수 있도록 도와주었어요.

사실 이들 삼형제는 크로노스의 형제들인 티탄이었어요. 크로노스도 아버지와 전쟁을 일으켜 아버지의 자리를 빼앗았는데 그때 무한 지옥에 갇혀 있던 삼형제들을 구해 주지 않았거든요. 그런데 제우스가 이 삼형제들을 구해 자기편으로 삼은 거지요. 거인 삼형제들의 도움으로 승리한 제우스는 크로노스와 그의 형제들을 땅속 깊은 곳에 가두었어요. 다만, 아틀라스라는 티탄에게는 영원히 하늘을 떠받쳐야 하는 벌을 내렸어요.

제우스는 크로노스가 다스리던 세상을 형제들과 나누었어요. 제우스는 하늘, 포세이돈은 바다, 하데스는 지하 세계를 다스리게 되었지요. 지구와 신들의 거처인 올림포스는 셋이 함께 다스리기로 했어요. 하지만 전쟁이 끝난 것이 아니었어요.

온몸이 털로 뒤덮이고 힘이 센 거인인 기간테스들이 제우스를 공격한 거예요.

　제우스는 기간테스들의 약점을 알고 있었어요. 기간테스를 죽이려면 신과 인간이 함께 공격해야 했지요. 그래서 헤라클레스를 자기편으로 끌어들였어요. 헤라클레스는 인간이면서 신과 싸울 수 있는 영웅이었거든요. 제우스는 헤라클레스의 도움으로 기간테스들을 물리칠 수 있었어요.

　그런데 또 한 번 전쟁이 터졌어요. 기간테스보다 더 큰 괴물인 티폰이 쳐들어 온 거예요. 티폰은 세상에서 가장 무서운 괴물이었어요. 머리가 별에 닿을 만큼 컸고, 눈에서는 독이 흘렀으며, 입에서는 뜨거운 용암이 흘러나왔지요. 올림포스의 신들은 티폰을 보자 모두 도망쳤어요.

　티폰은 제우스에게도 힘든 상대였어요. 제우스는 티폰에게 팔과 다리의 힘줄을 잘린 채 깊은 동굴 속에 갇혔지요. 티폰은 제우스의 힘줄을 곰 가죽에 싸서 용에게 맡겼어요. 이때 제우스를 도와준 것은 제우스의 명령을 전해 주는 임무를 맡았던 헤르메스였어요. 헤르메스는 목신 판과 함께 제우스의 힘줄을 훔쳤어요. 그리고 그 힘줄을 제우스에게 돌려주었지요.

　힘줄을 되찾은 제우스는 다시 티폰과 싸웠어요. 이번 싸움은 아주 오래 걸렸지만 결국 제우스가 티폰을 물리쳤어요. 제우스는 티폰을 다시는 세상으로 나오지 못하도록 가두어야겠다고 생각했어요. 그래서 티폰을 지중해에 있는 시칠리아 섬의 깊은 땅속에 묻고 에트나 산으로 눌러 놓았답니다.

> 신화 속 숨은 과학 이야기

아버지가 자식을 삼키고 괴물들과 한바탕 전쟁을 벌이고……. 신화는 무섭기도 하고 황당하기도 해요. 어떻게 보면 신화는 꿈과 비슷해요. 현실에는 없는 것들이 나타나지요. 또 과거와 현재와 미래가 뒤섞이기도 해요. 신화에는 이처럼 상식에 어긋나는 일들이 많아요. 그렇다고 신화가 모두 거짓은 아니에요. 꾸며 낸 이야기 속에는 그때 사람들의 생각이 숨어 있거든요. 지구는 어떻게 생겼으며 화산과 지진은 왜 일어날까? 신화 속에서 이런 자연 현상에 대한 옛 사람들의 생각을 찾아 볼 수 있답니다.

우리가 보는 하늘은 두꺼운 대기

사람은 누구나 땅에 발을 붙이고 살아요. 모든 물체는 땅으로 떨어지지만 새들은 날개를 가지고 있어 하늘을 날 수 있지요. 그런데 별들은 왜 땅으로 떨어지지 않을까요? 과학은 '무엇'과 '왜'라는 의문으로부터 시작됐어요. 옛날 사람들은 이런 질문에 올바른 답을 할 수 없었어요. 그래서 신화를 만들어 냈지요.

깜깜한 밤하늘에는 별들이 총총 빛나요. 옛날 사람들은 별들이 하늘에 붙어 있다고 생각했어요. 그리고 하늘이 마치 지붕처럼 땅을 덮고 있다고 생각했지요. 건물의 지붕은 기둥으로 버텨요. 만일 하늘을 받치는 기둥이 없다면 하늘이 무너질지도 몰라요. 옛날 사람들은 이런 두려움을 가지고 살았어요.

우리나라 신화에 따르면 우주를 미륵님이 만들었다고 해요. 처음에는 땅과 하늘이 붙어 있었는데 미륵님이 커다란 구리 기둥 4개로 하늘을 떠받쳤어요. 땅과 하늘이 나누어졌으니 세상이 만들어진 거예요. 고대 그리스 사람들도 비슷한 생각을 했는데 하늘을 아틀라스라는 티탄이 떠받치고 있다고 생각했어요.

요즘 사람들은 하늘을 떠받칠 필요가 없다는 사실을 잘 알고 있어요. 우리가 보는 하늘은 지표에 쌓여 있는 공기의 층이거든요. 이 두꺼운 공기의 층을 대기라고 불러요. 대기에는 색이 없어요. 대기를 이루는 질소와 산소와 수증기 같은 기체는 무색이에요. 하지만 이 공기 알갱이들이 햇빛에 부딪치면 어떤 색의 빛은 흡수하기도 하고, 또 어떤 색의 빛은 산란시키기도 해요. 그에 따라 하늘이 파랗거나 불그스름하게 보이는 거지요.

우리는 모르는 것을 두려워해요. 그런 두려움을 없애 주는 것도 과학의 역할이에요. 하늘은 왜 무너지지 않을까? 옛날 사람들은 이런 두려움을 없애려고 구리 기둥이나 아틀라스를 만들어 냈어요. 물론 이것이 정확한 답은 아니었지만, '왜' 라는 질문에 답하려 **노력했다는 점에서는 신화도 과학의 시작이라고 할 수 있지 않을까요?**

번개를 던지고 있는 제우스. 티탄과 싸워서 이긴 제우스는 아틀라스에게 지구를 떠받치는 벌을 내렸다.

달과 별이 떨어지지 않는 이유

현대 사람들은 구리기둥이나 아틀라스가 떠받치지 않으면 하늘이 무너질 거라고 걱정하지 않아요. 이제 신화 대신 과학의 원리가 그 이유를 설명해 주고 있거든요.

세상 모든 물체 사이에는 중력이 작용해요. 중력은 서로 끌어당기는 힘이지요. 빗물이 높은 곳에서 낮은 곳으로 흐르는 이유는 지구의 중력이 빗물을 끌어당기고 있기 때문이에요. 돌이 떨어지는 것도 마찬가지지요. 중력은 사람 사이에도 작용해요. 그런데 사람끼리 서로 끌어당기지 않는 이유는 무엇일까요?

중력은 무거운 물체일수록 세고 가벼운 물체일수록 약해요. 지구는 무겁기 때문에 주변의 물체를 사정없이 끌어당겨요. 하지만 사람은 가볍기 때문에 중력이 거의 작용하지 않는 거예요. 중력은 또 가까울수록 세고 멀수록 약해요. 별이 지구로 떨어지지 않는 것은 지구에서 아주 멀어서 중력이 거의 작용하지 않기 때문이지요.

달도 지구에서 멀리 떨어져 있지만 별에 비하면 아주 가까워요. 또 지구와 달은 꽤 무겁지요. 그래서 지구와 달 사이에는 아주 센 중력이 작용해요. 그런데 어째서 달은 지구로 떨어지지 않는 것일까요?

끈에 추를 매고 빙빙 돌려보세요. 끈이 팽팽해질 거예요. 추가 끈을 바깥쪽으로 끌어당기고 있기 때문이에요. 원운동을 하는 물체에는 바깥으로 작용하는 힘이 생겨요. 이 힘을 원심력이라고 부르지요. 끈이 추를 끌어당기는 힘과 원심력의 크기는 같아요. 그래서 추는 계속 원운동을 하는 거예요.

달은 지구 둘레를 공전해요. 물론 달에도 원심력이 작용하지요. 지구가 달을 끌어당기는 중력과 달의 원심력의 크기가 같기 때문에 달이 지구로 떨어지지 않고 계속 지구 둘레를 돌 수 있는 거예요. 지구가 태양으로 떨어지지 않는 것도 지구가 태양 둘레를 공전하기 때문이에요.

지구 생명체, 가이아

대기는 지구를 둘러싸고 있어요. 우리가 하늘이라고 부르는 것은 사실 대기예요. 물론 태양과 달과 별은 대기의 바깥쪽 먼 곳에 있지요. 다만 우리가 볼 때 모든 천체는 하늘에 붙어 있는 것처럼 보일 뿐이에요. 그럼 우리가 발을 딛고 사는 땅, 즉 지구의 표면은 어떻게 생겼을까요?

지구는 마치 흙에 덮여 있는 것처럼 보여요. 들이나 산은 물론 바닷가도 곱거나 거친 흙으로 덮여 있거든요. 하지만 흙은 지구 표면에 뿌려진 먼지와 같아요. 마치 놀이터의 모래처럼 말이에요. 흙을 조금만 파고 들어가면 진짜 지구의 껍데기

과학자들이 내 이름을 빌려서 지구를 '가이아' 라고 부르지.

대륙 지각과 해양 지각

가 나와요. 그것은 흔히 돌이라고 불리는 암석이에요.

지구의 암석 껍데기를 지각이라고 부르는데, 지각의 두께는 고르지 않아요. 어떤 곳은 두껍고 솟아 있으며 어떤 곳은 얇고 움푹 가라앉아 있지요. 두껍고 솟아 있는 지각은 육지예요. 얇고 움푹 가라앉은 지각은 바다지요.

자, 이제 지구의 겉모습을 모두 알아보았어요. 지구의 겉은 육지와 바다와 대기로 이루어져 있는 거예요. 그런데 육지와 바다와 대기는 서로 이어져 있어요. 마치 피가 우리 온몸을 돌듯이 물질과 에너지가 육지와 바다와 대기 사이를 돌아다니는 거예요.

아켈로스와 헤라클레스의 신화에서 보았듯이 강은 육지의 산에서 시작되어 바다로 흘러 들어가요. 이때 산에서 부스러진 암석 조각이 강물에 휩쓸려 바다로 이동하지요. 바다에서는 물이 증발하여 대기로 날아가요. 대기로 날아간 수증기는 비나 구름이 되어 다시 땅으로 떨어지지요.

생물은 자연에서 물질을 받아들이고 또 자연으로 물질을 내보내며 살아요. 생물이 물질을 순환시키지 못하면 죽게 되지요. 그러고 보면 지구도 생물과 비슷한 면이 많아요. 지구와 생물은 모두 물질을 순환시키니까요. 그래서 지구도 하나의 커다란 생명체라고 생각하는 과학자들도 있어요.

'흙, 물, 공기 그리고 사람을 비롯한 모든 동식물은 지구라는 커다란 생명체를 이룬다!' 이런 주장을 하는 과학자들은 지구를 가이아라고 불러요. 바로 제우스의 할머니이자 대지의 여신인 가이아를 뜻하는 거예요.

티폰의 몸부림, 화산과 지진

제우스는 무시무시한 괴물 티폰을 에트나 산 밑에 묻었어요. 옛날 사람들은 티폰이 도망치려고 몸부림칠 때 지진이 일어난다고 생각했지요. 또 티폰이 거칠게 내쉬는 숨결이 땅을 뚫고 솟아오를 때 화산이 폭발한다고 생각했어요. 에트나 산은 지금도 불길을 뿜어내고 있는 화산이에요. 땅속에 과연 무엇이 있기에 지진이 일어나고 화산이 폭발하는 것일까요?

지각 아래 땅속 깊은 곳은 아주 무시무시한 곳이에요. 아마 티폰보다 더 무서운 곳일 거예요. 무거운 암석 덩어리가 위에서 누르면 압력이 말할 수 없이 높아져요. 압력이 높아지면 온도도 높아져요. 땅속의 압력과 온도가 얼마나 높은지 그곳에서는 단단한 암석도 녹아 액체가 되지요. 뜨겁고 끈적끈적하게 녹은 암석을 마그마라고 불러요.

지구는 지각이라는 껍데기에 둘러싸여 있다고 했어요. 그런데 지구의 껍데기에는 갈라진 곳이 많아요. 달걀을 삶을 때 껍데기에 금이 가기도 하잖아요. 또 그 틈을 따라 흰자가 흘러나오기도 해요. 마그마의 압력은 아주 높아요. 그래서 지구 껍데기의 갈라진 틈을 따라 흘러나오기도 하지요. 이처럼 뜨거운 마그마가 흘러나오는 현상을 화산의 분화라고 해요.

에트나 산 아래 땅속 깊은 곳에는 마그마가 자리 잡고 있어요. 이 마그마가 지각의 갈라진 틈을 따라 뿜어져 나오면

답답해. 밖으로 나가고 싶어~.

이탈리아 시칠리아 섬 동부에 있는 에트나 산이 폭발하는 모습이다. 에트나 산은 지금도 대표적인 활화산이며, 유명한 관광지로 관광객들이 붐빈다.

서 화산이 폭발하지요. 좁은 틈을 따라 높은 압력의 마그마가 밀려 나오면 어떻게 되겠어요. 주변의 땅이 이리저리 흔들릴 거예요. 이와 같이 티폰이 몸부림을 치는 것처럼 땅이 흔들리는 현상을 지진이라고 불러요.

옛날 사람들은 땅속 깊은 곳을 들여다볼 수가 없었어요. 다만 땅이 흔들리고 마그마가 뿜어져 나오는 현상을 보고 땅속에서 무시무시한 일이 일어나고 있다는 것을 짐작할 뿐이었지요. 옛날 사람들에게는 땅도 하늘도 강도 바다도 모두 신이었어요. 그러니 땅속에서 뭔가 요동을 치고 있기 때문에 화산과 지진이 일어난다고 생각하는 것이 당연했지요. 그리스 신화의 티폰은 압력과 온도가 높은 마그마가 아닐까요?

칼리스토와 아르카스

헤라는 최고의 신 제우스의 아내이자 최고의 여신이에요. 제우스는 바람둥이였기 때문에 헤라는 늘 제우스가 사랑한 여자들을 미워했어요. 칼리스토도 헤라가 미워한 여자 중의 하나였지요. 헤라는 칼리스토의 아름다움을 빼앗기로 했어요.

칼리스토는 헤라가 너무 무서웠어요. 그래서 헤라 앞에 무릎을 꿇고 빌었지요. 하지만 질투심에 불타는 헤라에게는 칼리스토를 용서해 줄 마음이 전혀 없었어요. 그래서 칼리스토를 흉측하고 커다란 곰으로 만들었어요. 칼리스토의 고운 두 손은 두툼해지고 검은 털이 나기 시작했어요. 날카롭고 두꺼운 손톱도 자라기 시작했지요.

칼리스토의 고운 손은 검은 털로 덮이고, 가냘픈 목소리는 으르렁거리는 소리로 바뀌었어요. 아무리 제우스를 원망해도 이제 소용없었어요. 칼리스토는 밤새도록 무서움에 떨며 숲 속을 돌아다녔어요. 자신도 곰이면서 다른 곰들을 무서워하며 도망쳤지요.

어느 날이었어요. 숲에서 사냥을 하던 한 젊은이가 칼리스토를 발견했어요. 그 젊은이는 칼리스토의 아들 아르카스였어요. 칼리스토는 반가운 마음에 아르카스를 안으려고 했지요. 하지만 아르카스는 그 곰이 자신의 어머니인 줄 몰랐어요. 아르카스는 곰이 자신을 공격하는 것이라고 생각하고 곰에게 창을 겨누었어요.

마침 그 광경을 본 제우스는 깜짝 놀랐어요. 아들이 어머니를 죽이려 하다니 말이에요. 제우스는 그냥 두면 안 되겠다고 생각했어요. 하지만 너무 급해 말로 설명할 시간도 없었지요. 이때 좋은 방법이 떠올랐어요. 제우스는 하늘을 다스리는 신이었기 때문에 사람이나 동물을 별자리로 만드는 힘을 가지고 있었거든요.

아르카스가 칼리스토를 창으로 찌르려는 순간, 제우스는 칼리스토와 아르카스를 하늘로 올려 별자리로 만들었어요. 칼리스토는 큰곰자리가 되었고, 아르카스는 작은곰자리가 되어 칼리스토 옆에 머물게 되었지요.

하지만 질투심 많은 헤라가 가만히 있을 리가 없었어요. 그토록 미워하던 칼리스토가 영광스러운 별자리가 되었으니 말이에요. 그러나 제우스가 한번 별자리로 만들었으니 더 이상 어쩔 수 없었지요. 어떻게 하면 자신의 분을 삭일 수 있을까? 헤라는 곰곰이 생각했어요. 그리고 좋은 생각을 떠올렸지요.

헤라는 어린 시절 자신을 길러 준 바다의 신 테티스와 오케아노스를 찾아갔어요.

"너무 억울한 일 때문에 두 분을 찾아왔어요. 저는 밤하늘에서 저를 밀어내고 영광의 자리를 차지한 여자 때문에 견딜 수가 없어요. 바로 큰곰자리의 칼리스토예요. 칼리스토는 제 남편인 제우스를 유혹해 아르카스를 낳았어요. 나를 화나게 만든 여자가 자신의 아들과 함께 하늘에 올라 별자리가 되었다는 게 말이 되는 일이에요? 나의 부모와 다름없는 두 분은 나를 가엾게 여기시나요? 그렇다면 그 증거로 큰곰자리와 작은곰자리가 하늘에서 맴돌 뿐 바다 밑으로 내려오지 못하도록 해 주세요."

테티스와 오케아노스는 헤라의 말을 듣고 고개를 끄덕였어요. 최고의 신 제우스를 막을 방법은 없었지만 남편의 사랑을 빼앗긴 헤라를 가엾게 여긴 거지요. 그래서 헤라의 소원대로 두 별자리가 자신들의 바다 밑으로 내려오지 못하게 만들었어요.

신화 속 숨은 과학 이야기

우리는 태양과 별이 날마다 뜨고 지는 현상의 원인을 모두 알고 있어요. 하지만 이런 현상을 우리가 처음 안 것은 아니에요. 옛날 사람들도 태양과 달과 별을 관찰했어요. 그리고 태양과 달과 별이 어떤 주기로 어떤 길을 움직인다는 것도 알고 있었지요. 비록 원인을 올바르게 설명을 하지 못했지만 헤라가 테티스와 오케아노스를 찾아가 하소연한 이야기 속에는 오랜 관찰에서 얻은 정확한 결과가 숨어 있어요.

별과 별자리의 이름

밤하늘의 별들을 본 적 있나요? 별들은 마치 어둠 속에 흩뿌려진 보석 같아요. 밤하늘의 별들은 그게 그거 같다고요? 그렇지 않아요. 어떤 것은 크고 어떤 것은 작으며, 또 어떤 것은 밝고 어떤 것은 어둡지요. 또 별들은 끊임없이 움직여요. 그것도 아주 규칙적으로 말이에요.

아르테미스의 시중을 들던 칼리스토에게 아르테미스로 변신한 제우스가 접근하고 있다.

사람들은 아주 오랜 옛날부터 별을 관찰했어요. 어쩌면 과학은 별을 관찰하면서 시작되었는지도 몰라요. 별은 무엇이고, 어떻게 빛날까? 별은 얼마나 멀리 떨어져 있을까? 사람들은 이런 의문에 답을 구하면서 우주의 원리를 발견해 나가기 시작했지요.

자, 우리가 맨 처음으로 별을 관찰한 사람이라고 생각해 봐요. 별을 관찰하면서 먼저 어떤 일을 해야 할까요? 별에 이름을 붙여 주는 거예요. 그렇게 해야 다른 사람과 그 별에 대해 이야기할 수 있을 테니 말이에요.

사물에 이름을 붙여 줄 때에는 눈에 띄는 것부터 시작해요. 높은 산일수록 잘 알려진 이름을 가지고 있잖아요. 옛날 사람들은 밤하늘에서 가장 밝은 10여 개의 별들을 1등성으로 정했어요. 시리우스, 아르크투루스 같은 밝은 별들이 1등성이에요. 우리 눈으로 볼 수 있는 가장 어두운 별은 6등성이에요. 그리고 그 사이의 별들은 밝기 등급에 따라 2등성에서 5등성으로 나누었어요.

밤하늘에 우리가 볼 수 있는 별은 2,000개쯤 된대요. 그렇게 많은 별에 모두 이름을 붙이는 게 쉽지는 않을 거예요. 그래서 여러 개의 중요한 별을 모아 별자리를 만들었어요. 물론 별자리에도 이름을 붙였지요. 옛날 사람들은 하늘이 신들의 세상이라고 생각했어요. 그래서 별자리에 신화 속의 신과 영웅, 동물의 이름을 붙였어요. 칼리스토와 아르카스의 별자리인 큰곰자리와 작은곰자리처럼 말이에요.

지금 우리가 쓰고 있는 별자리는 모두 88개예요. 이 별자리의 이름은 대부분 신화시대로부터 전해져 내려오고 있지요.

밤새도록 보이는 별, 주극성

운동장에서 뛰노는 친구들을 보세요. 친구들의 위치는 계속 변해요. 또 친구들 사이의 거리도 변하지요. 그런데 별의 위치와 별 사이의 거리는 거의 변하지 않는 것처럼 보여요. 마치 별들이 어떤 곳에 붙어 있는 것처럼 말이에요. 옛날 사람들은 별이 따로 돌아다니지 않고 하늘에 붙어 있다고 생각했어요. 그래서 별이 붙어 있는 둥근 하늘을 천구라고 불렀지요.

사실 지구에서 별까지의 거리는 별마다 달라요. 그러니 천구에 별이 붙어 있다는 생각은 잘못된 것이지요. 하지만 별의 위치만 연구할 때에는 천구가 아주 편해요. 그래서 요즘의 천문학자들도 천구라는 용어를 자주 써요.

이번에는 우리가 신화 속의 사람이 되어 별의 움직임을 관찰해 봐요. 태양이 서쪽 지평선으로 지면 밤하늘에 별들이 보이기 시작해요. 별들도 동쪽 지평선에서 떠올라 서쪽 지평선으로 지지요. 물론 낮에는 햇빛이 밝기 때문에 별들이 보이지 않아요. 그래서 낮에는 별들이 뜨는 것을 볼 수 없어요.

별들이 밤새도록 지나는 길은 둥근 원이에요. 그런데 원을 그리지 않고 제자리에서 움직이지 않는 별이 있어요. 그 별을 북극성이라고 부르지요. 별이 동쪽에서 뜨고 서쪽으로 진다고 했지만 사실 별은 북극성을 중심으로 둥근 원을 그리며 돌고 있는 거예요. 어떤 별은 커다란 원을 그리고 어떤 별은 작은 원을 그리지요.

북극성에서 지평선 사이의 거리를 반지름으로 하는 원을 그려 보세요. 그 원의 바깥쪽에 있는 별들은 동쪽에서 떠서 서쪽으로 져요. 이런 별을 출몰성이라고 불러요. 하지만 그 원의 안쪽에 있는 별들은 지평선 아래로 지지 않아요. 이런 별을 주극성이라고 부르지요.

　헤라는 큰곰자리와 작은곰자리가 바다 밑으로 내려오지 못하도록 테티스와 오케아노스에게 부탁했어요. 실제로 큰곰자리와 작은곰자리는 지평선 아래로 지지 않아요. 비록 신들의 이야기로 비유했지만 옛날 사람들도 큰곰자리와 작은곰자리가 주극성이라는 사실을 알고 있었던 거예요.

위도에 따라 달라지는 주극성과 출몰성

별은 왜 원을 그리며 밤하늘을 움직이는 걸까요? 주극성과 출몰성은 왜 생기는 걸까요? 별은 아주 멀기 때문에 거의 움직이지 않아요. 하지만 지구가 자전하기 때문에 지구 둘레를 도는 것처럼 보일 뿐이에요.

　거실의 전등 밑에서 맴돌아 보세요. 주변의 물체들이 우리를 중심으로 도는 것처럼 보일 거예요. 이때 전등은 움직이지 않아요. 우리 몸의 축 위에 있기 때문이지요. 지구는 자전축을 중심으로 자전해요. 지구의 자전축을 연결한 곳에 2등성의 밝은 별 하나가 놓여 있는데 그 별이 북극성이에요. 그래서 북극성은 밤하늘에 고정되어 있는 것처럼 보이는 거예요.

주극성과 출몰성은 그 지역의 위도와 관계가 깊어요. 북극에 사는 사람에게는 북극성이 머리 꼭대기에 보일 거예요. 그리고 모든 별은 지평선과 나란하게 원을 그려요. 북극에서는 모든 별이 주극성인 셈이에요. 적도에 사는 사람에게는 북극성이 북쪽 지평선에 보일 거예요. 그리고 모든 별은 지평선에 수직으로 떠서 수직으로 지지요. 적도에서는 모든 별이 출몰성인 셈이에요.

북극과 적도 사이에 있는 지역을 중위도라고 불러요. 이곳에서는 주극성도 있고 출몰성도 있지요. 위도가 높아질수록, 즉 북극에 가까워질수록 주극성이 많아져요. 위도가 낮아질수록, 즉 적도에 가까워질수록 출몰성이 많아지지요.

북극성은 아르카스의 별자리인 작은곰자리의 꼬리에 해당하는 별이에요. 그러니 중위도에서는 작은곰자리가 주극성이 되는 거지요. 북두칠성도 우리

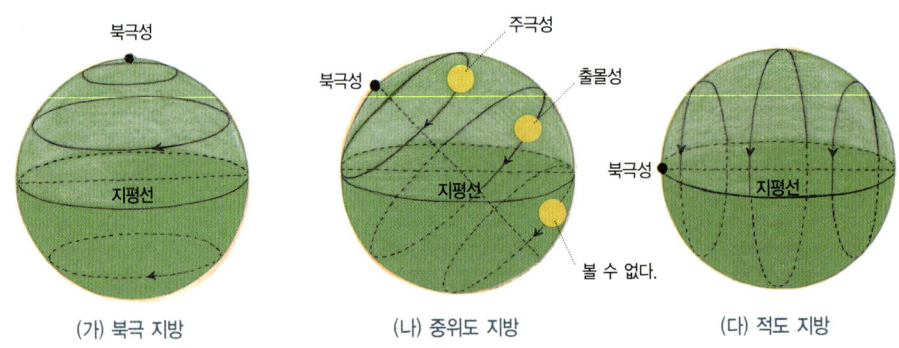

(가) 북극 지방   (나) 중위도 지방   (다) 적도 지방

나라에서 1년 내내 보이는 별인데 북두칠성은 바로 큰곰자리의 엉덩이와 꼬리에 해당하는 별이에요.

그리스 신화가 만들어진 그리스와 우리나라는 위도가 비슷해요. 그래서 그리스에서도 큰곰자리와 작은곰자리를 1년 내내 볼 수 있는 거예요. 이제 칼리스토와 아르카스의 신화가 만들어진 이유를 알 수 있겠지요?

해시계와 별시계

과학은 우리 생활을 편리하게 해 주어요. 그럼 옛날 사람들은 그저 쓸데없는 신화를 만들려고 별을 관찰한 것일까요? 그렇지 않아요. 별의 움직임은 옛날부터 아주 중요하게 이용되어 왔어요.

별의 움직임은 아주 규칙적이에요. 북극성을 중심으로 일정한 시간에 일정한 거리를 움직이지요. 이렇게 규칙적인 움직임을 무엇에 이용하면 좋을까요? 바로 시간의 측정이에요. 옛날 사람들은 여러 가지 방법으로 시간을 쟀어요. 그 중 가장 정확한 것이 태양과 별의 움직임을 이용하는 것이었지요.

태양과 별은 하루에 한 번 하늘을 가로질러요. 우리가 지금 사용하는 시간도 태양의 위치를 기준으로 하고 있지요. 과학자들은 태양이 정남쪽에 올 때를 낮 12시, 즉 정오라고 정했어요. 태양이 서산에 지고 다시 정남쪽에 오면 하루가 지난 거예요. 옛날 사람들은 땅에 막대를 꽂고 그림자의 움직임으로 시간을 쟀어요. 이것이 바로 해시계예요.

태양이 지면 해시계는 쓸 수 없어요. 이때에는 별시계가 작동하기 시작해

2003년 미국에서 별들이 북극성을 중심으로 돌고 있는 모습을 찍은 모습이다. 별들이 지나간 자리가 아주 잘 보인다.

요. 북쪽 밤하늘을 바라보세요. 모든 별들이 시계 바늘처럼 정확하게 북극성을 중심으로 돌아요. 북두칠성 별시계는 우리가 쓰는 시계 바늘과 반대 방향으로 움직일 뿐 아주 정확하지요.

별시계의 바늘 역할을 하는 별은 누구나 쉽게 찾을 수 있어야 해요. 또 매일 밤에 볼 수 있어야 하지요. 주극성 중에서 밝은 별로 이루어진 별자리인 북두칠성이 바로 그런 별자리예요.

별자리 신화에는 여러 가지 황당한 이야기들이 많아요. 하지만 그 이야기는 오랫동안 관찰한 별의 움직임을 바탕으로 만들어졌어요. 칼리스토와 아르카스의 신화가 바로 그런 사실을 말해 주고 있어요.

파에톤의 태양 마차

파에톤은 태양의 신 아폴론과 님프 클리메네 사이에서 태어난 아이에요. 하지만 친구들은 네가 무슨 신의 아들이냐고 하며 비웃었지요. 파에톤은 어머니에게 아버지를 만나게 해 달라고 졸랐어요. 어머니의 승낙을 얻어낸 파에톤은 아버지를 찾아 태양이 뜨는 동쪽으로 길을 떠났어요.

금은보석으로 꾸며진 아폴론의 궁전은 으리으리했어요. 은으로 된 문에는 왼쪽과 오른쪽에 6개씩, 모두 12개의 황도 12궁이 새겨져 있었지요. 문을 열고 들어가니 저쪽 끝에 아폴론이 앉아 있었어요. 파에톤은 아폴론에게 다가서려 했지만 그럴 수 없었어요. 아폴론의 몸에서 나오는 광채가 너무 눈부셨기 때문이에요.

아폴론의 좌우에는 하루와 한 달과 일 년을 다스리는 신들이 늘어서 있었지요. 또 각 시간을 다스리는 신들도 일정한 간격으로 늘어서 있었어요. 봄의 여신은 머리에 꽃으로 엮은 관을 썼으며, 여름의 신은 옷을 벗은 채 곡식으로 엮은 관을 썼지요. 가을의 신은 포도즙으로 발이 지저분했어요. 포도주를 만

들기 위해 발로 포도를 짓이겼기 때문이에요. 겨울의 신은 머리카락이 흰 서리로 덮여 있었어요.

아폴론은 파에톤이 자신의 아들이 틀림없다고 확인해 주었어요. 그리고 그 증거로 무슨 소원이든 한 가지를 들어 준다고 약속했지요. 파에톤은 아버지가 끄는 태양 마차를 끌어 보고 싶다고 말했어요. 아폴론은 파에톤의 소원을 듣고 크게 후회를 했어요. 태양 마차는 최고의 신 제우스도 부릴 수 없을 만큼 위험했거든요.

아침에 태양 마차를 타고 하늘에 오르는 것부터 험난했어요. 낮 동안 하늘 높이 날 때에는 땅과 바다를 내려다보기도 아찔했지요. 저녁에 바다로 내려갈 때에는 거꾸로 떨어지듯 곡예를 해야 했어요. 게다가 태양 마차는 많은 괴물들 사이를 지나야 했어요.

화살을 겨누는 궁수의 앞을 지나야 하고, 거친 황소의 뿔 곁을 지나야 했지요. 또 무서운 집게발을 치켜든 괴물 게 앞을 지나야 하고, 난폭한 사자의 곁을 지나야 했어요. 독침을 치켜든 전갈도 태양 마차를 위협했어요.

드디어 태양 마차가 달릴 시간이 되었어요. 새벽의 여신이 동쪽 문을 열자 장미꽃이 뿌려진 길이 나타났어요. 금성은 별들을 물러나게 하고 자신도 사라졌지요. 아폴론은 파에톤에게 이렇게 당부했어요.

"다섯 개의 궤도를 따라 달리지 말고 왼편으로 비켜 가라. 북극이나 남극은 피하고 중간으로 달려야 한다. 수레바퀴 자국을 따라가는 것이 가장 좋을 것이야. 또 너무 높이 날면 신들의 집들을 태울 것이고, 너무 낮게 날면 지상이 불바다가 될 거야. 이제 모든 것은 네 운명에 맡기겠다."

파에톤은 너무 흥분해서 아버지의 말을 귀담아 듣지 않았어요. 무턱대고 말고삐를 당기며 하늘로 날았지요. 하늘을 나는 기분은 말할 수 없이 좋았어요. 하지만 그 기분도 잠시뿐이었어요. 발아래 아득히 펼쳐진 지상 풍경을 보자 파에톤은 너무 무서워서 다리가 후들거렸어요. 그리고 그만 고삐를 놓쳐 버렸어요.

태양 마차를 끌던 말들은 이리저리 날뛰며 땅에 가까이 가기 시작했어요. 태양의 뜨거운 열기에 풀과 나무는 물론 땅도 타들어 갔어요. 에티오피아 사람들은 태양의 열기 때문에 이때부터 피부가 검어졌으며, 리비아 동쪽에 커다란 사막이 생겼어요.

제우스는 모든 신들을 불러 모았어요. 그리고 이 위기를 벗어나려면 파에톤을 죽일 수밖에 없다는 사실을 설명했어요. 거기에는 파에톤의 아버지인 아폴론도 있었지요. 하지만 아폴론도 어쩔 수 없었어요.

제우스는 번쩍이는 번개를 오른손에 쥐었어요. 그리고 파에톤을 향해 힘껏 던졌지요. 번개는 정확히 파에톤을 맞혔어요. 파에톤은 태양 마차에서 떨어져 죽고 말았지요. 번개에 맞을 때 머리털에 불이 붙었기 때문에 파에톤은 마치 유성처럼 떨어졌어요. 그리고 에리다누스 강 속에 잠기고 말았어요.

> 신화 속 숨은 과학 이야기

우리는 과학 시간에 태양의 움직임에 대해 배우고, 하루와 시간에 대해 배워요. 지구의 자전과 공전 그리고 계절의 변화에 대해서도 배우지요. 그리스 신화에 나오는 태양과 태양의 신 아폴론에 관한 이야기는 비록 틀린 부분도 있지만 태양이 우리 생활에 끼치는 영향을 섬세하게 관측한 이야기입니다.

태양이라는 이름의 별

우주에는 수많은 천체가 있어요. 지구처럼 태양 둘레를 도는 천체를 행성이라고 불러요. 달처럼 행성 둘레를 도는 천체를 위성이라고 부르지요. 인공위성은 사람이 만든 위성이라는 뜻이에요. 행성과 위성은 스스로 빛을 내지 못하고 모두 햇빛을 반사하여 빛을 내요.

하지만 태양은 스스로 빛을 내는데, 이런 천체를 별이라고 불러요. 태양은 아주 크고 무거워서 주변의 모든 천체를 끌어당겨요. 행성들이 태양 둘레를 도는 것은 아주 센 태양의 중력에 붙들려 있기 때문이에요. 태양의 중

파에톤이 아폴론의 태양 마차를 끄는 모습이 새겨진 메달이다.

력은 아주 먼 곳까지 작용해요. 태양의 중력이 작용하는 공간을 태양계라고 부르지요. 혜성은 태양계의 거의 끄트머리에서 태양의 중력에 이끌려 찾아오는 천체예요.

태양계 너머 먼 곳에는 수많은 별들이 있어요. 사실 별은 수소 기체로 이루어진 커다란 공이에요. 별의 중심은 압력과 온도가 아주 높아서 불의 지옥 같은 세상이에요. 이런 곳에서는 수소 원자핵이 결합하여 헬륨 원자핵으로 변해요. 이런 현상을 수소 핵융합 반응이라고 부르지요.

수소 핵융합 반응이 일어날 때 엄청난 빛과 열이 쏟아져 나와요. 그래서 태양이 아주 밝고 뜨거운 거예요. 파에톤이 아폴론에게 다가설 수 없을 만큼 말이에요. 아폴론은 태양의 신이자 태양 자체를 뜻하거든요.

다른 별도 태양처럼 행성을 가지고 있을까요? 천문학자들은 그렇다고 생각해요. 별은 아주 멀고 행성은 아주 작아요. 그래서 다른 별의 행성을 발견하기는 쉽지 않아요. 하지만 천문학자들은 여러 가지 기술을 이용해 다른 별의 둘레를 도는 행성을 찾고 있어요. 그런 행성을 외계 행성이라고 불러요.

천문학자들은 이미 여러 개의 외계 행성을 찾아냈어요. 그 행성에 우리와 같은 생명체가 있는지도 조사하고 있지요. 과연 그곳에서 우리와 같은 생각을 하며 살아가는 생명체가 있을까요? 그곳에서도 아폴론과 파에톤의 신화가 전해져 내려올까요?

여러 개의 이름을 가진 금성

새벽이 오면 동쪽 하늘이 불그스름한 빛으로 물들어요. 이것을 여명이라고 부르지요. 밤새도록 빛나던 별들은 여명과 함께 사라져요. 그리고 동쪽 하늘

낮은 곳에서 밝게 빛나던 금성도 빛을 거두고 사라지지요. 그리스 신화에서는 금성이 모든 별을 물러나도록 명령하고 마지막으로 자신도 물러난다고 했어요.

금성처럼 많은 이름을 가진 천체도 없을 거예요. 우리 조상들은 새벽에 보이는 금성을 샛별, 저녁에 보이는 금성을 태백성이라고 불렀어요. 저녁에 보이는 금성을 개밥바라기라고도 불렀대요. 저녁 하늘에 금성이 보일 때쯤이면 개가 밥을 달라고 짖었기 때문이에요.

금성은 참 신기한 행성이에요. 새벽의 금성은 해뜨기 전 동쪽 하늘에서만 보이고, 저녁의 금성은 해지기 전 서쪽 하늘에서만 보이니까요. 또 한밤중에는 볼 수가 없어요. 옛날 사람들은 새벽과 저녁에 보이는 금성이 서로 다른 별이라고 생각했어요. 그래서 다른 이름을 붙인 거예요.

행성이 지나는 길을 궤도라고 불러요. 행성은 궤도에 따라 두 종류로 나뉘지요. 지구 안쪽 궤도를 도는 수성과 금성을 내행성이라고 불러요. 지구 바깥

쪽 궤도를 도는 화성, 목성, 토성, 천왕성, 해왕성을 외행성이라고 부르지요.

외행성은 지구를 중심으로 태양과 같은 방향에 보이기도 하고, 태양의 반대 방향에 보이기도 해요. 태양의 반대 방향에 보인다는 것은 밤에 보인다는 뜻이지요. 하지만 내행성은 태양의 반대 방향에 놓일 때가 없어요. 그래서 수성이나 금성은 밤에 볼 수 없는 거예요.

내행성이 그림의 ①이나 ③의 위치에 있을 때에는 햇빛에 가려 보이지 않아요. ②의 위치에 있을 때에는 새벽의 동쪽 하늘에 잠시 보이다가 태양이 뜨면 금세 사라지지요. ④의 위치에 있을 때에는 저녁의 서쪽 하늘에 잠시 보이다가 금세 지평선 아래로 지고 말아요. 수성은 태양에 너무 가깝기 때문에 잘 보이지 않아요. 하지만 금성은 태양에서 적당히 떨어져 있기 때문에 아주 밝게 보이지요.

신화에서 나온 금성은 어느 위치의 금성일까요? 태양이 뜨기 전에 보이는 금성이니까 ②의 위치에 있는 금성이에요.

태양이 지나는 길, 황도

태양은 하루에 한 번 지구 둘레를 돌아요. 물론 이것은 지구가 자전을 하기 때문에 그렇게 보이는 것이지요. 지구는 자전을 하면서 공전을 해요. 지구가 태양 둘레를 공전하는 데 걸리는 시간은 1년이에요. 옛날 사람들은 지구가 공전한다는 사실을 알지 못했어요. 그래서 태양이 1년에 한 번 지구 둘레를 돈다고 생각했지요.

태양이 하루에 한 번 돌기도 하고, 또 1년에 한 번 돌기도 한다니 쉽게 이해할 수가 없지요? 다음 그림을 보면서 알아보기로 해요. 바깥쪽 원은 천구의

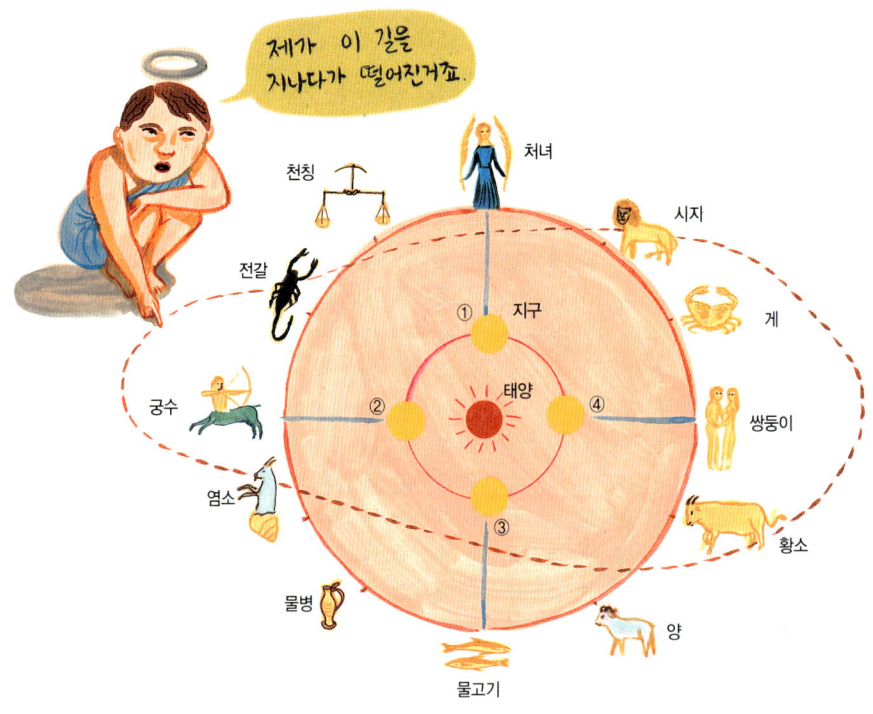

별자리를 나타내고 있어요.

지구가 ①의 위치에 있다고 생각해 보세요. 이때 태양은 물고기자리 방향에 보일 거예요. 지구가 ②의 위치로 이동했어요. 이때 태양은 쌍둥이자리 방향에 보이겠지요. 이와 마찬가지로 지구가 ③과 ④의 위치로 이동함에 따라 태양이 보이는 별자리가 달라져요. 지구가 자전할 때에는 태양과 별자리가 함께 지구 둘레를 도는 것처럼 보이지만, 지구가 공전할 때에는 마치 태양이 별자리 사이를 이동하는 것처럼 보이는 거예요!

옛날 사람들은 태양이 지구 둘레의 별자리 사이를 1년에 한 번 이동한다고 생각했어요. 그리고 태양이 지나는 길목에 놓인 12개의 별자리를 황도 12궁이라고 불렀지요. 황도란 태양이 지나는 길을 뜻해요. 황도 12궁은 밤하늘에

걸린 멋진 달력이에요. 태양이 어느 별자리에 있는지 관찰하면 지금이 몇 월인지, 또 어느 계절인지 알 수 있거든요.

아폴론의 태양 마차는 궁수, 황소, 게, 사자, 전갈 같은 괴물 사이를 지난다고 했어요. 이 괴물들이 바로 황도 12궁의 별자리들이에요. 그런데 이상한 것이 하나 있어요. 태양 마차가 아침에 떠서 저녁에 지는 것은 지구의 자전을 설명한 것인데 어떻게 별자리 사이를 지난다는 것일까요?

앞에서도 한 번 얘기했을 거예요. 신화는 꿈과 비슷해서 여러 가지 사실이 뒤죽박죽 섞이기도 하거든요. 파에톤의 신화에는 지구의 자전과 공전 때문에 생기는 태양의 움직임이 섞여 있어서 그런 거예요.

행성 궤도의 기울기는 서로 다르다

아폴론은 파에톤에게 "다섯 개의 궤도를 따라 달리지 말고 왼편으로 비켜 가라. 북극이나 남극은 피하고 중간으로 달려야 한다. 수레바퀴 자국을 따라 가는 것이 가장 좋을 것이야."라고 말했어요. 여기에서 수레바퀴 자국이란 태양이 지나는 길, 즉 황도를 뜻해요. 황도는 태양이 하루가 아닌 1년 동안 지나는 길이라고 앞에서 설명한 것 기억하지요?

다섯 개의 궤도란 행성이 지나는 길을 뜻해요. 행성의 궤도를 따라 달리면 행성과 부딪칠지도 모르잖아요. 그런데 우리가 아는 행성은 모두 여덟 개인데 아폴론은 어째서 다섯 개의 행성 궤도만 이야기한 걸까요? 맨눈으로 볼 수 있는 행성은 수성, 금성, 화성, 목성, 토성의 다섯 개뿐이기 때문이에요. 여기에 지구와 천왕성과 해왕성을 더하면 모두 8개가 되지요.

천왕성과 해왕성은 지구보다 훨씬 커요. 하지만 너무 멀어서 커다란 망원

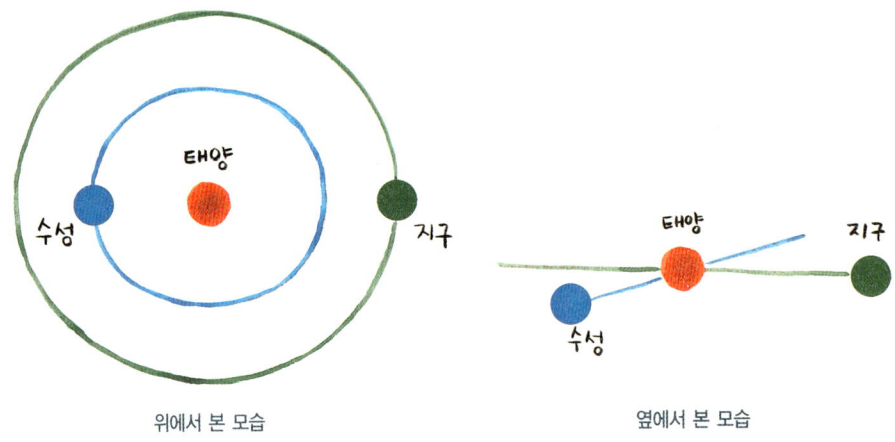

위에서 본 모습　　　　　옆에서 본 모습

경으로 간신히 볼 수 있어요. 천왕성은 1781년 영국의 허셜이라는 천문학자가 발견했어요. 해왕성은 1846년 갈레라는 천문학자가 발견했지요.

흔히 행성들은 같은 평면에서 태양 둘레를 공전한다고 생각하기 쉬워요. 옛날 사람들도 그렇게 생각했을까요? 그렇지 않아요. 옛날 사람들은 태양과 5행성이 지구 둘레를 돈다고 생각했어요. 만일 태양과 모든 행성이 같은 평면에서 공전한다면 행성이 지나는 길은 황도와 일치할 거예요.

수성과 지구의 궤도를 나타낸 위 그림을 보세요. 태양계를 옆에서 보면 수성과 태양을 이은 선은 지구와 태양을 이은 선에서 기울어져 있어요. 이 기울기는 행성마다 달라요. 그러니 행성이 지나는 길이 서로 다를 수밖에 없지 않겠어요? 옛날 사람들도 행성 궤도의 기울기가 달랐다는 사실을 알고 있었던 거예요.

에티오피아 사람들의 피부색

햇볕을 많이 쬐면 피부가 검게 그을려요. 그럼 에티오피아 사람들은 정말 파에톤 때문에 검은 피부를 갖게 된 것일까요? 그렇지는 않아요. 햇볕에 피부가 그을렸다고 해서 자손이 검은 피부를 갖게 되는 것은 아니에요. 하지만 파에톤 신화는 에티오피아 사람들의 유래에 대해 한 가지 정확한 사실을 말해 주고 있어요.

사람의 피부색은 인종에 따라 조금씩 달라요. 그 이유는 멜라닌이라는 색소의 양이 다르기 때문이에요. 아프리카 사람들은 멜라닌이 많아서 검은색을 띠고, 유럽 사람은 멜라닌이 적어서 흰색을 띠지요. 아시아 사람들은 멜라닌의 양이 중간이에요.

피부색은 환경에 적응한 결과예요. 햇볕에는 자외선이라는 빛이 있는데 자외선은 우리 몸에 아주 해로워요. 자외선을 많이 쬐면 피부암에 걸리거든요. 그런데 이 자외선을 막아 주는 게 바로 멜라닌이에요. 아프리카 사람들은 피부색이 검기 때문에 해로운 자외선으로부터 몸을 보호할 수 있어요.

에티오피아도 아프리카에 있는 나라예요. 원래 에티오피아 사람들의 피부도 검은색이었지요. 그런데 지금으로부터 약 2,500년 전, 아라비아 반도에 살던 유대인들이 에티오피아로 이주하게 되었어요. 에티오피아에 진출한 유대인들은 그곳의 지배층이 되었지요. 에티오피아의 건국 신화에 따르면 에티오피아를 세운 사람은 메넬리크라는 유대인이라고 해요. 메넬리크는 이스라엘의 왕인 솔로몬과 시바의 여왕 사이에서 태어난 사람이에요.

유대인의 피부는 흰색이에요. 그런데 오랜 세월 원주민과 함께 살면서 그 사이에 태어난 자손들은 짙은 갈색의 피부를 갖게 되었어요. 지금 에티오피아에는 피부색이 아주 검은 사람도 있고 짙은 갈색인 사람도 있어요. 유대인과 원주민의 혼혈 정도에 따라 피부색에 차이가 있는 거예요.

자, 파에톤의 신화를 한번 정리해 볼까요? 신화가 만들어지기 전에는 피부가 흰 유대인들이 에티오피아를 다스리고 있었어요. 그런데 오랜 세월이 지나면서 흰 피부를 가진 사람들이 줄어들고 짙은 갈색의 피부를 가진 사람들이 늘어났지요. 신화가 만들어질 무렵, 사람들은 이러한 사실을 파에톤의 신화로 꾸며냈어요. 이야기 자체는 엉터리지만 이야기가 만들어진 근거는 맞는 것이지요.

지하 세계의 페르세포네

하데스는 지하 세계를 다스리는 신이에요. 어느 날, 하데스가 검은 말이 끄는 이륜마차를 타고 지상 세계를 지날 때였어요. 사랑의 여신 아프로디테는 자신의 아들 에로스에게 하데스를 향해 활을 쏘라고 말했어요. 에로스의 화살에 맞은 자는 처음 보는 사람을 사랑하게 되지요. 에로스가 쏜 화살은 하데스의 가슴을 정확히 맞췄어요.

하데스의 이륜마차는 어느 호수를 지나게 되었어요. 숲으로 둘러싸인 그 호수는 아주 아름다웠지요. 나뭇잎이 강렬한 햇빛을 막아 주고 호숫가에는 꽃이 만발했어요. 그곳은 언제나 따뜻한 봄날이었지요. 하데스는 그곳에서 앞치마에 꽃을 가득 담은 아름다운 처녀를 보게 되었어요. 페르세포네라고 불리는 그 처녀는 곡식의 여신인 데메테르의 딸이었지요.

하데스는 페르세포네를 보고 한눈에 반했어요. 그리고 페르세포네를 단숨에 들어 이륜마차에 실었지요. 페르세포네는 앞치마에 있던 꽃까지 쏟으며 몸부림쳤지만 하데스의 억센 손을 뿌리칠 수 없었어요. 하데스는 이륜마차를 몰아서 강가에 도착했어요. 하데스가 창으로 강가를 내리치자 땅이 갈라졌지요. 그리고 그 통로를 지나 지하 세계로 도망쳤어요.

페르세포네가 오랫동안 돌아오지 않자 데메테르는 몹시 슬퍼하며 하루도 쉬지 않고 딸을 찾아 헤맸어요. 그러다 페르세포네가 납치된 곳을 지나게 되었지요. 데메테르는 그곳에서 페르세포네가 몸부림칠 때 떨어뜨린 허리띠를 발견했어요. 그 허리띠를 본 데메테르는 딸이 죽었다고 생각했어요.

딸을 잃은 데메테르는 억울하고 분했어요. 착하고 예쁜 딸이었으니 그럴 수밖에 없었을 거예요. 데메테르는 분을 삭이지 못하고 엉뚱하게 땅에게 분풀이를 했어요. 곡식의 여신인 데메테르는 지금까지 땅을 풀과 곡식으로 덮어 주었어요. 하지만 딸을 잃은 슬픔에 젖은 데메테르는 땅에 저주를 퍼부었지요.

식물은 더 이상 싹트지 않았어요. 뜯어 먹을 풀이 없자 가축도 말라죽었지요. 땅이 황폐해지자 비가 오면 홍수가 나고, 비가 오지 않으면 가뭄이 들었어요. 땅은 말라죽은 풀과 나무로 거칠어져 갔어요. 이때 샘의 님프 아레투사가 땅을 위해 데메테르를 찾아갔어요. 그리고 자신이 지하 세계를 흐를 때 하데스의 부인이 된 페르세포네를 보았다고 말했지요.

데메테르는 딸이 살아 있다는 소식에 깜짝 놀랐어요. 하지만 하데스에게서 딸을 데려오기에는 힘이 부족했어요. 그래서 최고의 신 제우스를 찾아갔지요. 데메테르는 제우스에게 자신의 억울함을 하소연했어요. 딸을 데려올 수 있도록 도와달라고 말이에요.

하데스는 제우스와 형제였어요. 제우스는 좀 난처했지만 데메테르의 부탁을 들어주기로 했지요. 다만 페르세포네가 지하 세계에 머무는 동안 어떤 음식도 입에 대지 않았어야 한다는 조건을 달았어요. 음식을 먹었다는 것은 페르세포네가 지하 세계

를 인정한 것일 테니 말이에요.

제우스는 전령의 신 헤르메스를 하데스에게 보냈어요. 이때 봄의 여신이 헤르메스와 함께 갔어요. 아무리 지하 세계의 신이라도 제우스의 명령에는 어쩔 수 없었지요. 하지만 하데스는 교활했어요. 지하 세계에서 사는 내내 음식을 거절하던 페르세포네는 하데스의 꾐에 넘어가 석류 씨에 붙어 있는 과육을 조금 먹은 거예요.

페르세포네는 지하 세계에서 나올 수 없었어요. 하지만 제우스는 하데스를 설득하여 페르세포네가 1년의 반은 지하 세계, 나머지 반은 지상 세계에서 살 수 있도록 했지요. 페르세포네는 비로소 봄의 여신과 함께 땅 위로 나와 어머니를 만날 수 있었어요. 데메테르도 그에 만족할 수밖에 없었어요. 그래서 땅에 건 저주를 풀었지요.

땅에서는 새싹이 돋기 시작했어요. 새들도 지저귀고 시냇물도 흐르기 시작했지요. 하지만 페르세포네가 지하 세계에서 살아야 하는 반 년 동안은 땅이 다시 황폐해졌어요. 물론 페르세포네가 지상 세계로 돌아올 때면 땅에는 다시 생명이 넘쳤지요.

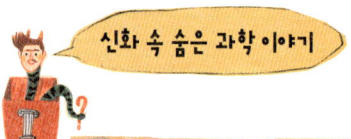 신화 속 숨은 과학 이야기

생명은 봄과 함께 찾아와요. 봄에 뿌린 씨앗은 여름에 무럭무럭 자라요. 가을에는 풀과 나무가 씨를 맺고 시들기 시작해요. 사람들은 가을에 곡식을 거둬 겨울을 준비하지요. 계절은 옛날 사람들에게 가장 중요한 자연 현상의 하나였어요. 이렇게 중요한 계절의 변화를 신화에서 다루지 않을 리가 있겠어요. 페르세포네의 신화는 바로 계절의 변화를 이야기하는 신화예요.

처녀자리의 주인공 페르세포네

지구를 둘러싼 커다란 공을 천구라고 말했던 것을 기억하나요? 사실 천구는 실체가 아니에요. 마치 천구에 별이 붙어 있는 것처럼 보일 뿐이지요. 천구에 붙어 있는 수많은 별들 중에서 밝은 것들을 이어 만든 것이 별자리예요. 그리스 신화에서는 신과 영웅과 무시무시한 동물을 별자리로 그렸어요.

지구는 태양 둘레를 공전하기 때문에 밤에 보이는 별자리가 달라지지요. 태양과 같은 방향에 있는 별자리는 햇빛에 가려 보이지 않기 때문이에요. 우리가 밤에 보는 별자리는 태양과 반대 방

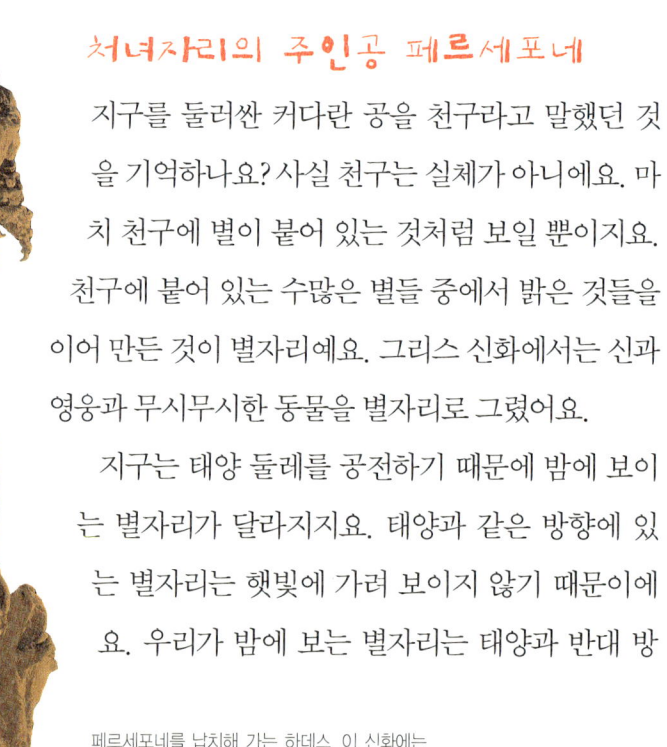

페르세포네를 납치해 가는 하데스. 이 신화에는 계절의 변화에 대한 이야기가 담겨 있다.

향에 있는 별자리들인 거예요.

봄의 초저녁, 동쪽 하늘 지평선 근처를 살펴보세요. 밝은 1등성 하나가 떠오를 거예요. 스피카라고 불리는 이 별은 처녀자리에서 가장 밝은 별이에요. 별자리 그림을 성도라고 부르는데 성도에는 처녀자리가 이삭을 손에 쥔 처녀로 그려져 있어요. 이 처녀가 바로 데메테르의 딸인 페르세포네예요.

날이 갈수록 처녀자리가 떠오르는 시간은 점점 빨라져요. 여름에는 같은 초저녁이라도 처녀자리를 남쪽 하늘 높은 곳에서 볼 수 있지요. 가을에는 초저녁이면 처녀자리가 서쪽 지평선으로 지기 시작해서 다음 해 봄이 될 때까지 볼 수 없어요.

가을이면 풀과 나무의 씨가 땅속에 묻혀요. 그리스 신화에서는 이 씨가 지하 세계로 납치된 페르세포네를 뜻해요. 별자리에서는 가을의 초저녁에 서쪽 지평선으로 사라지는 처녀자리를 뜻하지요.

봄이 되면 땅속의 씨앗에서 싹이 트기 시작해요. 지하 세계의 페르세포네가 봄의 여신과 함께 땅 위로 올라온 거예요. 마치 처녀자리가 봄의 초저녁에 동쪽 지평선에서 솟아오르는 것처럼 말이에요!

태양 고도와 계절

처녀자리가 초저녁 동쪽 하늘에 떠오르면 땅에 활기가 넘치기 시작해요. 겨우내 쌓였던 눈이 녹고, 산과 들에 새싹이 돋지요. 처녀자리가 봄을 몰고 온 것일까요? 그렇지 않아요. 처녀자리는 단지 봄을 알리는 별시계에 지나지 않아요. 그럼 봄과 여름과 가을 그리고 겨울은 왜 생기는 것일까요?

아침에는 선선하던 날씨도 정오에는 따뜻해져요. 태양의 고도가 아침에는

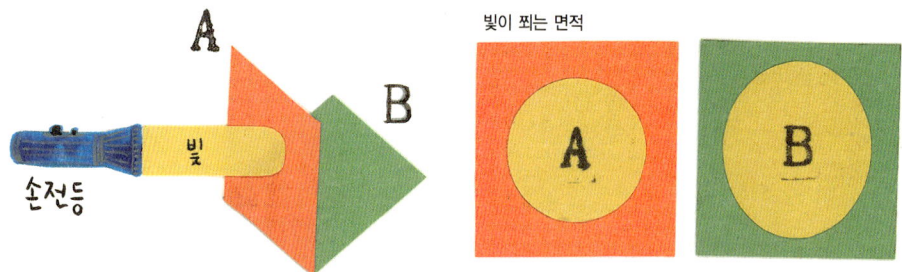

낮고 정오에는 높기 때문이지요. 고도란 태양을 바라보았을 때 시선 방향과 지면이 이루는 각도를 말해요. 태양의 고도가 높으면 어째서 날씨가 따뜻해지는 것일까요? 먼저 손전등으로 간단한 실험을 해보세요.

손전등으로 수직인 면 A에 비추면 손전등의 빛이 원 모양을 이뤄요. A를 B처럼 비스듬히 뉘어 손전등을 비추면 손전등의 빛이 타원 모양을 이루지요. 타원의 면적은 원의 면적보다 넓어요. 같은 양의 빛으로 더 넓은 면적을 쬐니 당연히 원보다 타원이 어두울 거예요.

아침에 태양의 고도가 낮으면 햇볕은 지면을 비스듬히 비춰요. 정오로 갈수록 태양의 고도가 높아지면서 햇볕은 수직으로 비추지요. 손전등 실험에서 알아보았듯이 같은 양의 햇볕을 수직으로 쬘수록 햇볕의 강도가 더 세져요. 따라서 태양의 고도가 높은 정오에 지면이 더 따뜻해지지요. 지면이 따뜻해지면 기온이 그만큼 올라가기 때문에 날씨가 따뜻해져요.

태양의 고도는 계절에 따라 달라져요. 여름과 겨울의 정오에 태양의 고도를 비교해 보세요. 여름의 태양 고도가 훨씬 높을 거예요. 태양의 고도는 여름에 가장 높았다가 가을에 점점 낮아지고 겨울에 가장 낮아져요. 그리고 봄에 점점 높아지다가 여름에 다시 가장 높아지지요. 그에 따라 날씨도 변하는 거예요.

지구 자전축의 기울기와 태양 고도

이제 계절에 따라 태양의 고도가 왜 달라지는지 알아보기로 해요. 지구는 태양 둘레를 돌아요. 이것을 공전이라고 하지요. 또 지구는 공전을 하는 동시에 팽이처럼 돌기도 해요. 이것을 자전이라고 하지요. 팽이에 중심축이 있듯이 지구에도 중심축이 있는데 지구의 중심축을 자전축이라고 불러요.

팽이가 쓰러지려고 비틀거리는 것을 본 적 있나요? 이때 팽이의 중심축은 지면에 수직이 아니에요. 약간 기울어져 있지요. 지구의 자전축도 약간 기울어져 있어요. 지구는 이렇게 기울어진 채 자전을 하면서 공전을 해요.

자, 이제 다음 그림을 보세요. 지구는 자전축에 수직인 선분에 의해 두 부분으로 나뉘는데 위쪽 절반을 북반구, 아래쪽 절반을 남반구라고 불러요. 북반구와 남반구를 나누는 선을 적도라고 부르지요.

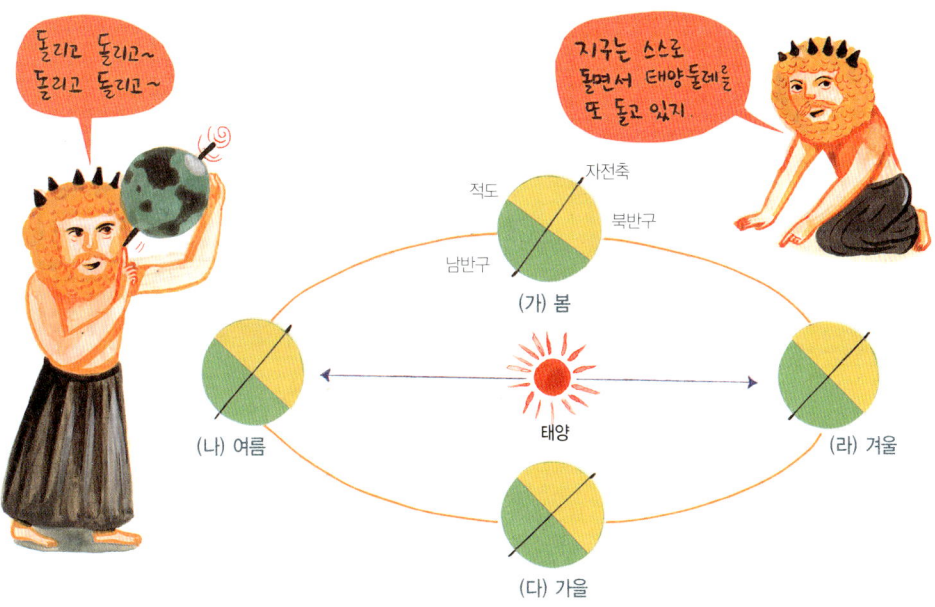

지구가 (나)의 위치에 있을 때를 생각해 보세요. 햇볕이 수직으로 쬐는 곳은 북반구에 있어요. 이때 북반구에서는 태양의 고도가 높고 남반구에서는 태양의 고도가 낮아요. 따라서 북반구는 더운 여름이 되고 남반구는 추운 겨울이 되지요. 지구가 (라)의 위치에 있을 때에는 이와 반대로 북반구는 겨울이 되고 남반구는 여름이 되지요.

지구가 (가)와 (다)의 위치에 있을 때에는 햇볕이 수직으로 쬐는 곳은 적도예요. 따라서 이때에는 북반구나 남반구 모두 덥지도 않고 춥지도 않아요. 우리는 지구가 (가)의 위치에 있을 때를 봄, (다)의 위치에 있을 때를 가을이라고 부르지요.

남반구에서는 (다)가 봄이고 (가)가 가을일 거예요. 그런데 봄, 여름, 가을, 겨울의 위치가 어째서 그림처럼 정해졌을까요? 그것은 북반구에 사람이 많이 살기 때문이에요. 그러니 계절도 북반구 중심으로 정해진 거지요. 남반구에서는 12월의 아주 무더운 날씨에 크리스마스를 맞이해요.

식물의 싹이 트는 조건

사람은 보통 주변이 어두워지면 잠이 오고 환해지면 저절로 눈이 떠져요. 오랜 세월 밤에 자고 낮에 움직이는 데 익숙해졌기 때문이지요. 식물의 씨는 겨우내 잠을 자다가 봄에 싹을 틔우기 시작해요. 식물의 씨는 봄이 온 것을 어떻게 아는 것일까요?

먼저 간단한 실험 하나를 해 볼게요. 접시에 솜을 깔고 강낭콩 씨를 심었어요. (가)는 물을 주고 따뜻한 곳에 놓았으며, (나)는 물을 주지 않고 따뜻한 곳에 놓았어요. (다)는 물을 주고 차가운 냉장고 안에 놓았지요. 그랬더니 (가)의 씨에서만 싹이 텄어요.

이 실험에서 중요한 점은 물과 온도예요. (나)의 씨는 온도는 따뜻했지만 물이 부족했고, (다)의 씨는 물은 충분했지만 온도가 낮았어요. (가)의 씨는 두 조건이 모두 충분했지요. 식물의 싹이 트려면 첫째 물이 있어야 하고, 둘째 따뜻해야 하는 거예요.

겨울에도 물은 많아요. 하지만 대부분의 물이 얼기 때문에 식물이 이용하기 힘들지요. 겨울 동안 풀이 말라 버리고, 나뭇잎이 떨어지는 것도 모두 물이 부족하기 때문이에요. 식물의 씨는 추운 겨울 동안 땅속에서 꼼짝 않고 지내요. 땅속은 바깥보다 춥지 않기 때문에 견디기 수월하거든요.

(가) 물을 주고 따뜻한 곳에 놓았다.   (나) 물을 주지 않고 따뜻한 곳에 놓았다.

(다) 물을 주고 냉장고 안에 놓았다.

페르세포네가 그려져 있는 14세기 무렵 처녀자리 그림

한겨울이 지나면 태양의 고도가 점점 높아지고 결국 따뜻한 햇볕에 눈과 얼음이 녹기 시작해요. 땅속의 씨는 이 틈을 놓치지 않고 싹을 틔우기 시작하지요. 식물의 씨는 온도와 물을 통해 봄이 온 것을 아는 거예요.

페르세포네가 놀던 호숫가에는 언제나 꽃이 만발했어요. 꽃은 여름을 뜻하지요. 페르세포네가 지하 세계로 납치된 것은 가을을 뜻해요. 식물이 씨가 땅속으로 들어간 거예요. 페르세포네가 지하 세계에 사는 동안 데메테르는 땅에 저주를 내렸어요. 땅은 황폐해지고 겨울이 온 거지요.

페르세포네가 지하 세계를 벗어났다는 것은 씨가 싹을 틔웠음을 뜻해요. 봄이 온 거예요. 어머니와 함께 즐거운 여름을 보낸 페르세포네는 다시 지하 세계로 돌아가야 해요. 가을이 되어 씨가 땅으로 들어가는 거지요. 계절의 변화에 따른 식물의 일생. 그것이 바로 페르세포네의 신화랍니다.

매미가 된 티토노스

　신들은 사람과 사랑을 나누기도 해요. 제우스는 여러 여자들과 사랑을 나누어 자식을 낳았어요. 달의 여신 아르테미스도 거인 사냥꾼 오리온과 사랑을 나누었지요. 신과 사람의 사랑은 거의 슬픈 이야기로 끝나요. 제우스와 사랑을 나누었던 칼리스토도 헤라의 저주를 받아 큰 곰이 되었잖아요. 오리온도 마찬가지예요.

　오리온도 신의 피를 가지고 태어났어요. 아버지가 바다의 신 포세이돈이거든요. 아버지 덕분에 오리온은 바다 속을 걸어갈 수도 있었어요. 오리온은 잘 생기고 덩치도 컸으며 사냥도 잘 했어요. 달의 여신이자 사냥의 여신이기도 한 아르테미스가 오리온을 사랑하게 된 것은 당연했지요. 나중에는 아르테미스와 오리온이 결혼을 하게 될 거라는 소문도 났어요.

　그런데 아르테미스의 오빠이자 태양의 신 아폴론은 오리온을 싫어했어요. 아르테미스를 꾸짖었지만 소용없었지요. 그래서 오리온을 죽일 꾀를 생각해 냈어요. 어느 날, 오리온이 바다 위로 머리만 내밀고 걸어가고 있었어요. 멀리

서 보면 작은 점처럼 보였지요. 아폴론은 아르테미스에게 이렇게 말했어요.

"네가 아무리 활의 명수라도 저 멀리 점처럼 작게 보이는 물체는 맞추지 못할 걸!"

아르테미스는 저쯤은 문제도 아니라며 활을 쏘았고, 오리온은 화살에 맞아 죽고 말았지요. 아르테미스는 파도에 밀려온 오리온의 시신을 보고 몹시 슬퍼했어요. 그리고 오리온을 하늘에 올려 별자리로 만들었지요.

새벽의 여신 에오스와 티토노스의 사랑도 더없이 슬픈 이야기로 끝나요. 티토노스는 트로이 왕 라오메돈의 아들이었지요. 신과 사람의 사랑에는 늘 누군가 방해꾼 역할을 해요. 하지만 방해꾼이 없더라고 문제는 있었어요. 신은 영원히 살 수 있지만 사람은 언젠가는 죽어야 하거든요.

에오스도 이런 사실을 잘 알고 있었어요. 그래서 티토노스에게 영원한 생명을 주기로 했지요. 그런 일은 최고의 신 제우스만이 할 수 있었어요. 에오스는 제우스에게 부탁해 티토노스에게 불사의 능력을 주었어요.

에오스와 티토노스는 행복하게 살았어요. 그리고 그 행복은 영원할 것 같았지요. 하지만 큰 문제가 생겼어요. 세월이 흐르면서 티토노스

가 점점 늙어가는 거예요. 아~, 이게 어찌된 일인가! 에오스가 아무리 후회해도 때는 늦었어요. 에오스는 제우스에게 티토노스가 죽지 않게 해 달라고 부탁을 했지만, 영원히 늙지 않게 해 달라는 부탁을 잊은 거예요.

티토노스가 백발이 되자 에오스는 티토노스와 헤어지기로 했어요. 하지만 티토노스는 그 후에도 에오스의 궁전에서 살 수 있었지요. 에오스가 티토노스를 완전히 버리지는 않은 거예요. 티토노스는 더 이상 몸을 움직일 수 없을 만큼 쇠약해졌어요. 에오스는 마음이 아팠지만 티토노스를 방에 가두었지요.

티토노스는 혼자 방 안에 누워 꼼짝할 수 없었어요. 그렇다고 숨이 끊어지지도 않았지요. 늙어가기는 하지만 죽을 수 없다는 것은 고통이었어요. 티토노스는 몸도 불편하고 마음도 아파서 끙끙 앓는 소리를 냈지요.

에오스는 방 안에서 나는 신음 소리를 들으며 괴로워했어요. 그렇다고 어떻게 할 수도 없었지요. 에오스는 어떻게 이 비극을 끝낼 수 있을까 고민했어요. 변신 능력이 있던 에오스는 결국 티토노스를 매미로 바꾸었답니다.

 신화 속 숨은 과학 이야기

알에서 깬 벌레는 나뭇잎을 갉아먹고 자라요. 그런데 참 이상한 게 있어요. 꼬물거리며 기어가던 벌레 속에서 멋진 날개를 가진 곤충이 나오는 거예요. 섬세한 관찰자였던 고대 그리스 사람들도 이런 사실을 알고 있었답니다. 어떻게 알 수 있었냐고요? 바로 에오스와 티토노스의 신화에 곤충의 일생이 숨어 있거든요.

알에서 매미가 태어나기까지

"굼벵이도 구르는 재주가 있다."는 속담이 있어요. 아무리 못난 사람에게도 한 가지 재주는 있다는 뜻이지요. 움직임이 아주 느리기 때문에 굼뜬 사람을 굼벵이라고 놀리기도 하는데 굼벵이가 어떤 벌레인 줄 아세요? 굼벵이는 바로 매미의 애벌레예요.

매미는 한여름 동안 나무에 달라붙어 시끄럽게 울어요. 울음소리를 내는 것은 수컷이에요. 매미

곤충으로 변하는 티토노스의 모습을 그린 18세기 무렵의 판화

의 울음소리는 짝짓기를 하려고 암컷을 부르는 신호지요. 매미는 참 불쌍한 곤충이에요. 나뭇가지 사이를 신나게 날아다닐 수 있는 시간은 겨우 몇 주일밖에 안 되니 말이에요. 짝짓기를 한 후 매미는 알을 낳고 죽지요.

　매미는 땅속에 알을 낳아요. 겨울이 지나고 이듬해 봄이 되면 매미 알에서는 꼬물거리는 애벌레가 나오는데 이것이 바로 굼벵이에요. 매미의 나무 생활과 달리 굼벵이의 땅속 생활은 아주 길어요. 매미의 종류에 따라 다르지만 보통 몇 년에서 십여 년을 땅속에서 지내거든요.

　굼벵이는 땅속에서 사는 동안 몇 번이나 껍질을 벗어요. 몸집이 커져서 더 이상 이전의 껍질 속에 있을 수 없기 때문이지요. 이처럼 곤충이 자라면서 껍

질을 벗는 것을 탈피라고 불러요. 마지막 탈피를 끝낸 애벌레는 마치 날개 없는 매미처럼 생겼어요. 다리도 나와 있지요.

　이제 세상 밖으로 나갈 때예요. 애벌레는 땅속에서 기어 나와 나뭇가지로 올라가요. 그곳에서 꼼짝 않고 몇 시간을 버티지요. 애벌레의 껍질은 마치 플라스틱처럼 딱딱해지고 등이 갈라져요. 그리고 그 갈라진 틈을 비집고 매미가 나오지요.

　닭은 달걀을 낳고 달걀에서는 병아리가 나와요. 병아리의 모습은 닭과 비슷하지요. 생물의 새끼는 대부분 어미와 비슷해요. 그런데 매미 같은 곤충의 알에서는 어미와 생김새가 아주 다른 새끼가 나와요. 이 새끼가 점점 자라 탈피를 하면 비로소 어미와 같아지지요. 곤충처럼 새끼가 자라면서 모습을 바꾸는 것을 변태라고 불러요.

완전 변태와 불완전 변태

번데기를 먹어 본 적 있나요? 모습은 흉측해도 번데기는 고소하고 맛있는 영양식이에요. 그런데 우리가 먹는 번데기가 어떤 벌레인 줄 아나요? 바로 누에나방의 새끼예요. 고운 명주실을 뽑는 누에가 우리가 먹는 번데기지요.

　누에나방도 매미처럼 알을 낳아요. 또 누에나방의 알에서도 애벌레가 나오지요. 이 애벌레는 어른 벌레, 즉 누에나방이 되기 전에 모습을 한 번 더 바꿔요. 바로 번데기가 되는 거예요.

　곤충의 변태에는 두 가지 종류가 있어요. 누에나방처럼 알에서 애벌레와 번데기를 거쳐 어른벌레가 되는 것을 완전 변태라고 불러요. 파리나 벌도 완전 변태를 하지요. 매미처럼 알에서 애벌레를 거쳐 어른벌레가 되는 것을 불

완전 변태라고 불러요. 번데기를 거치지 않기 때문에 완전하지 않다는 뜻이에요. 잠자리나 메뚜기도 불완전 변태를 하지요.

곤충의 변태에 대해 알아보았으니 이제 티토노스 이야기를 더 알아보기로 해요. 사람은 누구나 늙어요. 또 언젠가는 죽을 수밖에 없지요. '영원히 늙지 않고 살 수는 없을까?' 옛날 사람들은 쭈글쭈글해진 자신의 피부를 보며 이렇게 생각했어요. 그건 아마 지금도 마찬가지일 거예요.

매미를 보세요. 쭈글쭈글하고 못생긴 애벌레에서 아름다운 매미가 태어나잖아요. 옛날 사람들은 이것을 보고 매미가 죽지 않고 계속 새로 태어나는 것이라고 생각했어요. 중국 사람들은 죽은 사람을 땅에 묻을 때 입에 비취로 만든 매미를 입에 물렸는데, 죽은 사람이 매미처럼 껍질을 벗고 새로 태어나기를 바란다는 뜻이었다고 해요.

에오스는 껍질을 벗고 나오는 매미를 보고 이렇게 바랐을 거예요. '아~, 늙은 티토노스도 저 매미처럼 새로 태어난다면 얼마나 좋을까?'

매미로 변한 티토노스가 젊은 몸으로 다시 태어났을까요? 그리스 신화에는 그 뒤의 이야기가 없어요. 하지만 에오스의 간절한 마음은 충분히 알 수 있을 거예요.

올챙이와 개구리

동물이 새끼를 낳는 방식에는 크게 두 가지가 있어요. 직접 새끼를 낳는 것과 알을 낳는 것이지요. 물고기와 개구리, 악어, 새는 알을 낳아요. 개나 고양이는 새끼를 낳지요. 개와 고양이의 새끼는 아무리 작아도 어미와 비슷하게 생겼어요. 물고기와 악어, 새의 알에서도 작지만 어미와 닮은 새끼가 나오지요.

개구리는 물을 아주 좋아해요. 개구리는 물속에서 짝짓기를 하고 물가에 알을 낳지요. 여름의 연못가에서는 개구리들의 짝짓기 울음소리가 요란해요. 이듬해 봄, 개구리 알에서는 작고 귀여운 새끼들이 쏟아져 나와요. 그런데 이게 웬일이에요? 알에서 깬 개구리 새끼들은 마치 배가 불룩한 송사리처럼 생

졌어요.

 알에서 깬 개구리 새끼를 올챙이라고 불러요. 올챙이는 다리가 없는 대신 꼬리를 가지고 있어요. 개구리는 뭍에서 숨을 쉬지만 올챙이는 물속에서 숨을 쉬지요. 물고기처럼 아가미를 가지고 있기 때문이에요. 올챙이는 물속에서 꼬리를 흔들며 먹이를 먹고 자라요. 그런데 올챙이가 자라면서 이상한 일이 일어나요.

 올챙이는 곤충처럼 껍질을 벗지는 않지만 그 대신 몸이 조금씩 변해요. 먼저 몸의 뒤쪽에서 뒷다리가 나오기 시작해요. 또 꼬리가 점점 짧아지지요. 그러는 동안 앞다리도 나오기 시작해요. 변화는 몸속에서도 일어나요. 아가미가 없어지고 폐가 발달하면서 뭍에서도 숨을 쉴 수 있게 되지요. 올챙이가 의

젓한 개구리가 된 거예요.

아주 오랜 옛날에는 사람들도 동물처럼 살았어요. 주변 사물과 자연 현상을 보며 '왜'라는 생각을 품게 된 것은 수천 년밖에 안 될 거예요. 그 짧은 시간 동안 사람들은 여러 생물들을 세심하게 관찰했어요. 그래서 생물에 대해 많은 것을 알게 되었지요.

티토노스의 신화는 옛날 사람들이 매미의 일생을 잘 알고 있었음을 말해 주는 증거예요. 올챙이가 모습을 바꿔 개구리가 된다는 사실도 당연히 알고 있었지요. 그걸 어떻게 아냐고요? "개구리가 올챙이 적 생각 못한다."는 옛날 속담이 있잖아요.

7. 소리와 소리의 반사

에코와 나르키소스

에코는 아름답고 쾌활한 님프였어요. 미의 여신 아프로디테도 에코를 아낄 정도였지요. 에코는 늘 쾌활하게 재잘거렸는데 그것이 에코의 단점이기도 했어요. 에코는 그 단점 때문에 슬픈 일을 겪게 되고 결국 쓸쓸하게 숨을 거두게 되지요.

어느 날, 헤라가 숲에서 제우스를 찾고 있었어요. 바람둥이 남편 제우스가 님프들을 희롱하고 있을 것 같았기 때문이지요. 헤라의 생각은 옳았어요. 제우스는 거기 있었지요. 에코는 제우스에게 달아날 시간을 주려고 헤라를 붙들고 떠들기 시작했어요. 에코의 속뜻을 알아차린 헤라는 크게 화를 냈지요. 그리고 이렇게 말하며 에코에게 저주를 내렸어요.

"나를 속인 네 혀에 저주를 내리노라. 너는 앞으로 남보다 먼저 말을 하지 못하고 남이 한 말을 똑같이 되풀이하게 될 것이다."

그 뒤 혼자 숲을 거닐고 있던 에코는 멋진 젊은이를 보게 되었어요. 에코는 나르키소스라는 그 젊은이에게 푹 빠졌어요. 하지만 에코는 헤라의 저주를 받았기 때문에 나르키소스에게 먼저 말을 걸 수 없었어요. 에코는 나르키소스가 자신에게 관심을 가져 주기를 바랄 뿐이었지요. 그런데 드디어 기회가 왔어요. 친구들과 함께 사냥을 하던 나르키소스가 길을 잃고 혼자 남게 된 거예요. 나르키소스는 주변을 두리번거리며 외쳤어요.

"아무도 없소?"

에코는 '여기에 제가 있어요.'라고 말하려 했지만 입 밖으로 나온 말은 달랐어요. 앵무새처럼 '아무도 없소?'라는 말을 되풀이할 수밖에 없었지요. 나르키소스는 누군가 자기를 놀린다고 생각했어요. 그래서 '어서 나와라!' 하고 외쳤지요. 에코도 그 말을 받아 '어서, 나와라!' 하고 대답했어요. 그리고 나르키소스를 향해 달려 나갔지요. 에코는 나르키소스에게 안기려 했어요. 에코가 비록 아름다웠지만 나르키소스는 에코가 자기 말을 되풀이하는 것을 보고 질겁했지요.

나르키소스는 에코의 손길을 뿌리치며 말했어요.

"네가 나를 안으려 한다면 나는 차라리 이 자리에서 죽고 말겠다."

에코는 얼굴을 붉히며 깊은 산속으로 숨었어요. 에코는 절벽 중간에서 혼자 살았지요. 슬픔 때문에 몸이 야위고 앙상한 뼈만 남게 되었어요. 결국 뼈마저도 바위로 변하고 목소리만 남게 되었지요. 산에서 소리를 지르면 메아리가 들려요. 그 메아리는 바로 에코의 목소리예요.

에코의 슬픈 소식을 듣게 된 님프들은 나르키소스를 미워하게 되었어요. 더구나 나르키소스는 다른 님프들의 사랑도 받아 주지 않았지요. 님프들은 복수의 여신에게 기도했어요. 나르키소스도 사랑 때문에 고통을 받게 해 달라고 말이에요. 복수의 여신은 님프들의 기도를 들어 주기로 했어요.

어느 날 나르키소스가 사냥에 지쳐 샘을 찾았을 때였어요. 물을 떠 마시려고 몸을 굽힌 나르키소스는 수면에 비친 아름다운 여인의 모습을 보게 되었지요. 그것은 수면에 비친 자신의 그림자였어요. 하지만 나르키소스는 그 그림자가 샘에 사는 님프인 줄 알았지요. 나르키소스는 사랑에 빠졌어요. 그런데 그 여인은 나르키소스를 좋아하지 않는 것 같았어요.

　나르키소스가 입을 맞추려 하면 그 여인은 금세 사라졌다가 잠시 후 다시 돌아왔어요. 손을 대려고 해도 마찬가지였지요. 나르키소스는 슬픔에 잠겨 이렇게 한탄했어요.

　"아름다운 여인이여. 왜 나를 피하려고 하는가요. 손을 대는 것이 싫다면 그냥 그대의 얼굴만 바라보겠소. 제발 도망가지만 마세요."

　나르키소스는 잠도 못 자고 먹지도 못 했어요. 그러다 결국 숨을 거두고 말았지요. 비록 자신들의 복수가 이루어졌지만 님프들도 슬퍼했어요. 님프들은 나르키소스의 장례를 치러 주기로 했지요. 하지만 나르키소스의 몸은 보이지 않았어요. 그 자리에는 수선화 한 송이가 피어 있을 뿐이었지요.

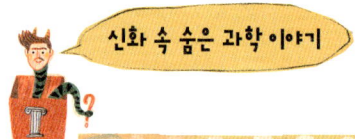 신화 속 숨은 과학 이야기

에코의 이야기는 쓸데없는 말을 너무 많이 하면 신세를 망칠 수 있다는 교훈을 주고 있어요. 물론 남의 말을 귀담아듣지 않은 나르키소스에게도 잘못은 있어요. 말에는 마음이 담겨 있는데 나르키소스는 에코의 마음을 제대로 읽지 못한 거예요.

에코의 신화 속에 숨어 있는 과학은 메아리예요. 메아리는 반사된 소리에 지나지 않지요. 하지만 원인을 알지 못하면 무슨 일이든 신비롭게 생각될 거예요. 자, 그렇다면 소리가 어떤 것이고 메아리가 왜 생기는지 알아보기로 해요.

물체의 진동에서 시작되는 소리

나르키소스를 처음 본 에코의 마음은 몹시 떨렸을 거예요. 마음이 떨리는 것은 우리 눈에 보이지 않아요. 하지만 물체가 떨리는 것은 볼 수 있어요. 또 물체가 떨리는 것은 들을 수도 있어요. 소리는 바로 물체가 떨려서 생기거든요.

고무줄을 퉁겨 보세요. 고무줄이 진동할 거예요. 또 고무줄이 진동하는 동안 소리가 들려요. 시간이 지나면 고무줄의 진동은 점점 약해져요. 그에 따라 소리도 약해지지요. 고무줄이 멈추면 소

수면에 비친 자신의 모습을 다른 사람으로 착각한 나르키소스

리도 나지 않아요. 고무줄을 더 세게 퉁기면 진동 폭도 커지고 소리도 커져요. 소리의 세기는 물체의 진동 폭에 따라 달라지지요.

　물체가 진동한다고 해서 언제나 소리가 나는 것은 아니에요. 소리가 전달되려면 소리를 전달하는 물질이 있어야 하지요. 소리를 전달하는 물질을 매질이라고 불러요. 사실 모든 물질은 매질이 될 수 있어요. 소리는 모든 물질을 통해 전달되거든요. 물론 우리에게 가장 익숙한 매질은 공기예요. 우리는 공기 속에서 살고 있으니까요.

　물체가 진동하면 주변의 공기도 진동해요. 공기의 진동은 마치 물결처럼 사방으로 퍼져나가지요. 그것이 바로 소리가 전달되는 모습이에요. 그런데 소리와 물결은 퍼져나가는 방식이 조금 달라요.

　물결이 퍼져나갈 때 수면에 뜬 나뭇잎을 보세요. 위아래로 진동할 뿐 물결을 따라 나아가지는 않아요. 이것은 물결이 퍼져나갈 때 물이 이동하지 않는다는 것을 말해요. 물은 단지 위아래로 진동할 뿐이지요. 하지만 소리는 공기가 앞뒤로 진동하면서 퍼져 나가요. 이때에도 공기가 이동하는 것은 아니에요. 공기도 제자리에서 앞뒤로 진동할 뿐이지요.

소리는 공기가 없으면 정말 들리지 않을까요? 그것은 간단한 실험을 통해 알 수 있어요. 앞 장의 그림처럼 진공 펌프를 연결한 용기 속에 자명종을 넣었어요. 자명종을 울리면 소리가 날 거예요. 자명종이 울리는 동안 진공 펌프로 용기 속의 소리를 서서히 빼 보세요. 공기가 희박해지면서 소리도 점점 작아져요. 공기가 모두 빠져나가면 소리가 들리지 않지요. 소리를 전달하는 매질이 없기 때문이에요.

작게 들리는 메아리

산꼭대기에 올라 '야호' 소리를 외치면 가슴이 뻥 뚫리는 것처럼 시원해져요. 요즘에는 산에서 큰소리를 치지 말라고 해요. 산짐승들에게 피해를 줄 수 있기 때문이지요. 하지만 잠시 실험을 하는 거라면 괜찮지 않을까요?

기왕이면 절벽에 대고 야호 소리를 외쳐 보세요. 에코가 절벽 중간에 살았다고 했잖아요. 자, 메아리가 들리지요? 그런데 메아리는 우리가 외친 소리보다 작게 들려요. 에코가 기운이 없어서 그런 것일까요?

우리가 외친 소리는 절벽에 부딪쳐 메아리가 되지요. 그 메아리는 먼 거리를 지나 다시 우리 귀에 전달되는 거예요. 소리는 퍼져 나가는 동안 점점 약해

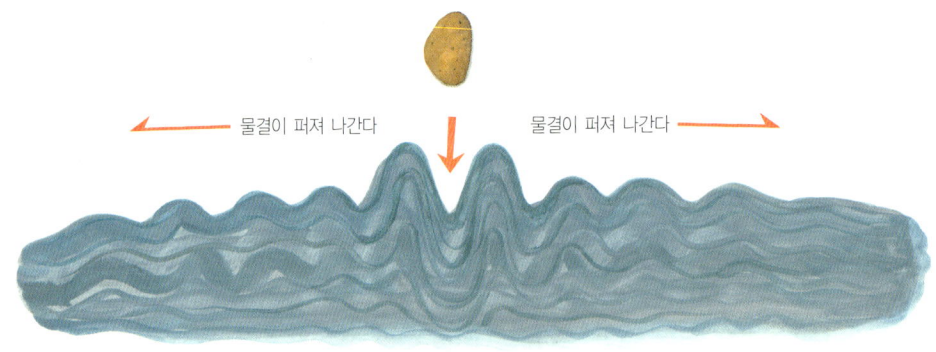
물결이 퍼져 나간다   물결이 퍼져 나간다

져요. 메아리도 결국 먼 곳까지 퍼져 나가기 때문에 약해지는 거예요. 수면에서 퍼져 나가는 물결을 보면서 소리가 약해지는 이유를 알아보기로 해요.

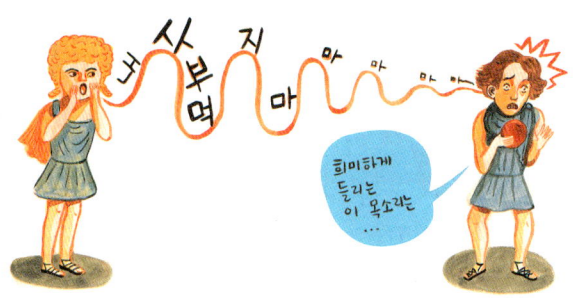

물에 작은 돌을 떨어뜨리면 물결이 원을 그리며 퍼져 나가요. 물결이 만드는 원의 크기는 원의 중심(돌이 떨어진 곳)에서 밖으로 갈수록 커지지요. 이 물결을 한번 옆에서 볼까요? 물결의 높이는 원의 중심에 가까울수록 높고 중심에서 멀어질수록 낮아요. 아마 중심에서 아주 먼 곳에서는 수면이 잔잔할 거예요.

돌을 떨어뜨린다는 것은 수면에 에너지를 준다는 뜻이에요. 그 에너지가 크면 수면이 진동하는 폭도 커요. 그런데 물결이 멀리 퍼져 나갈수록 진동시켜야 하는 수면의 범위가 넓어져요. 같은 크기의 에너지로 더 넓은 범위를 진동시켜야 하니 중심에서 멀어질수록 진동 폭이 작아질 수밖에 없는 거지요.

소리도 물결처럼 사방으로 퍼져 나가요. 원을 그리며 점점 퍼지는 거예요. 고무줄을 세게 퉁기면 진동 폭도 커지고 소리도 커진다고 했어요. 소리의 세기는 공기의 진동 폭이나 마찬가지인 셈이지요. 따라서 소리도 멀리 갈수록 점점 약해지는 거예요. 에코의 대답이 신음소리처럼 약하게 들리는 것은 메아리가 먼 곳을 돌아오기 때문이에요.

에코를 잡아라!

신화를 만든 사람들은 세심한 자연 관찰자였어요. 신화 곳곳에 그런 증거가 남아 있지요. 나르키소스에게 버림 받은 에코는 절벽 중간에 숨어 살았어요. 뼈만 앙상하게 남은 에코의 몸은 결국 바위가 되었지요. 신화에서 에코는 어째서 숲으로 숨지 않았을까요? 에코는 어째서 바위가 되었다고 했을까요? 우리 경험을 바탕으로 그 이유를 찾아보기로 해요.

사방이 시멘트 벽으로 둘러싸인 강당은 아주 시끄러워요. 여러 명이 떠들면 웅성거리는 소리에 아무것도 들리지 않지요. 그건 평평한 시멘트 벽이 소리를 잘 반사하기 때문이에요. 소리의 반사는 한 번에 그치는 게 아니에요. 이쪽 벽에 부딪쳐 반사한 소리는 다시 저쪽 벽에 부딪쳐 반사하지요. 이런 일이 수없이 되풀이되면서 강당 안이 소란스러워지는 거예요.

여러 번 반사하면서도 사라지지 않는 메아리를 잔향이라고 불러요. 잔향이란 찌꺼기 메아리라는 뜻이에요.

이번에는 눈이 펑펑 내리는 날, 공원을 걷고 있다고 생각해 봐요. 화창한 날보다 사방이 고요할 거예요. 사람이 별로 없어서 그렇다고요? 그렇지 않아요. 눈 오는 날과 화창한 날, 친구와 함께 실험해 보세요. 같은 거리에서 같은 크기로 친구를 불러 보세요. 눈 오는 날에는 소리가 잘 들리지 않을 거예요.

눈은 딱딱하지 않아요. 소리는 이런 곳에 부딪치면 반사하지 않고 흡수돼요. 그래서 눈 오는 날 소리가 잘 들리지 않는 거예요. 도로의 방음벽도 마찬가지예요. 방음벽은 울퉁불퉁하고 부드러운 재료로 만들어져 있고, 구멍이 숭숭 뚫려 있어요. 바로 그런 재료가 소리를 잘 흡수하기 때문이에요.

풀과 나무가 많은 숲에서도 소리가 잘 반사하지 않아요. 풀과 나무가 소리를 흡수하기 때문이지요. 에코는 메아리예요. 메아리가 잘 생기려면 풀과 나무로 덮인 숲보다 바위로 이루어진 절벽이 나을 거예요. 신화에서 왜 에코가 절벽의 중간에 숨어 살았고, 에코의 뼈가 바위가 되었다고 했는지 이제 알겠지요?

에코의 선물, 에코로케이션

메아리를 이용하면 소리가 반사된 곳의 거리를 알 수 있어요. 소리는 공기 속에서 1초에 약 300m의 거리를 나아가요. 멀리 떨어져 있는 절벽을 향해 소리를 외쳤어요. 4초 후에 메아리가 들렸다고 생각해 보세요. 그 동안 소리가 달린 거리는 1,200m(=300m×4)예요. 따라서 절벽의 거리는 1,200m의 절반, 즉 600m인 거예요.

과학자들은 이 원리를 이용해 바다의 깊이를 재기도 해요. 배의 밑바닥에 음향 장치를 달고 바다 밑을 향해 소리를 쏴요. 그 소리가 되돌아오는 시간을 재면 거리를 알 수 있어요. 여러 위치에서 바다의 깊이를 재면 바다의 지형도를 그릴 수도 있어요. 어느 곳의 깊이가 어느 정도 되는지 알 수 있는 거지요.

이때 이용하는 소리는 우리가 평소에 듣는 소리와 좀 달라요. 진동수가 아주 높거든요. 우리는 1초에 16~20,000회쯤 진동하는 소리를 들을 수 있어요. 그 진동수보다 높은 소리를 초음파라고 부르지요. 바다의 깊이를 잴 때 이용하는 소리는 우리가

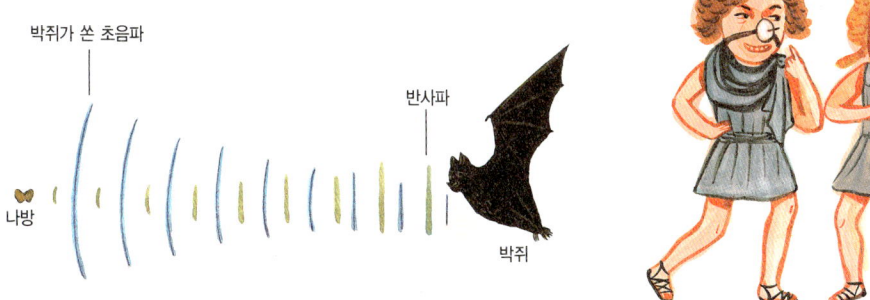

들을 수 없는 초음파예요.

　박쥐는 초음파를 이용해 먹이를 사냥하기도 해요. 박쥐는 안테나처럼 생긴 코에서 초음파를 발사한 뒤에 다시 받아들여요. 박쥐가 나방 같은 곤충을 어떻게 사냥하는지 설명해 볼게요.

　박쥐는 초음파를 사방으로 쏘아 대며 날아다녀요. 대부분의 초음파는 동굴 벽에 부딪치고 되돌아오지요. 동굴 벽처럼 멈춰 있는 물체의 위치와 거리는 변하지 않아요. 그런데 나방은 이리저리 날아다니지요. 나방에 부딪쳐 되돌아오는 초음파는 아주 약할 거예요. 하지만 박쥐는 그 초음파를 분석해 나방의 위치와 거리가 계속 변한다는 것을 알아내지요. 다시 말해 반사파의 위치와 거리가 변한다는 것은 날아다니는 작은 생물이 있다는 뜻이에요. 물론 박쥐는 계속 초음파를 쏘기 때문에 나방을 뒤쫓을 수도 있어요. 그래서 마치 눈으로 훤히 보는 것처럼 나방을 사냥할 수 있는 거예요.

　박쥐처럼 초음파를 이용해 물체의 위치를 알아내는 기술을 에코로케이션이라고 불러요. 에코는 메아리, 로케이션은 위치를 정한다는 뜻이지요. 박쥐가 사는 동굴은 아주 어둡기 때문에 빛이 없어요. 그래서 사물의 위치를 눈으로 보는 것보다 초음파로 알아내는 것이 더 편하지요. 이렇게 멋진 박쥐의 에코로케이션은 에코가 준 선물이 아닐까요?

페르세우스의 방패 거울

　페르세우스는 최고의 신 제우스와 다나에라는 여인 사이에서 태어났어요. 페르세우스는 헤라클레스처럼 힘든 모험을 겪으며 여러 괴물을 물리친 그리스 신화의 영웅이기도 해요. 페르세우스가 물리친 괴물 중에는 메두사도 있었어요.

　메두사는 원래 아름다운 처녀였어요. 특히 길고 빛나는 머리카락을 뽐냈지요. 하지만 자신의 아름다움을 너무 뽐낸 게 탈이었어요. 자신의 외모를 여

신 아테나와 견주려고 했거든요. 아테나는 화가 나서 메두사를 흉측한 괴물로 만들어 버렸어요. 그렇게 뽐내던 머리카락은 수많은 뱀으로 변했고, 메두사의 무시무시한 얼굴을 보는 사람은 공포에 질려 돌이 되어 버렸지요.

메두사는 한을 품고 동굴에 숨어 살았어요. 그리고 죄 없는 사람들에게 복수를 했지요. 수많은 사람들이 메두사를 보고 돌로 변했고 나라 전체가 공포에 떨었어요. 사람들은 왕인 폴리데크테스에게 메두사를 처치해 달라고 애원했어요. 폴리데크테스는 페르세우스에게 그 임무를 맡겼지요.

페르세우스의 소식을 들은 여신 아테나는 자신의 청동 방패를 빌려 주었어요. 전령의 신 헤르메스는 하늘을 날 수 있는 날개 구두를 빌려 주었지요. 페르세우스는 청동 방패와 날개 구두를 가지고 메두사의 동굴로 들어갔어요. 메두사는 곤히 잠들어 있었지요. 하지만 메두사의 얼굴을 직접 볼 수는 없었어요. 그 순간 돌이 되어 버릴 테니까요.

페르세우스는 묘책을 떠올렸어요. 청동 방패에 비친 메두사의 모습을 보며 다가서기로 한 거예요. 그럼 메두사의 얼굴을 직접 본 게 아니니 돌로 변하지 않잖아요. 페르세우스는 그렇게 메두사에 다가가 머리를 베어 버렸어요. 메두사의 머리는 자루에 넣었지요. 잘린 머리를 봐도 돌이 되거든요.

　메두사를 처치한 페르세우스는 날개 구두를 신고 날아가던 중 하늘을 떠받치고 있는 아틀라스가 다스리는 나라에 들르게 되었어요. 그 나라에는 아주 귀한 보물이 있었어요. 황금 사과가 열리는 나무였지요. 아틀라스는 페르세우스가 황금 사과를 훔치러 왔다고 생각했어요. 그래서 페르세우스에게 빨리 이 나라를 떠나라고 말했지요.
　페르세우스는 아틀라스의 말에 몹시 불쾌했어요. 그래서 자신의 얼굴을 돌린 채 메두사의 머리를 꺼내 아틀라스에게 보여 줬어요. 메두사의 머리를 본 아틀라스는 돌이 되었어요. 머리카락과 수염은 숲이 되었고, 팔과 어깨는 절벽이 되었지요.
　페르세우스가 다음에 도착한 나라는 에티오피아였어요. 에티오피아의 왕비는 카시오페이아였는데 아주 미인이었어요. 카시오페이아도 메두사처럼 외모를 너무 뽐냈어요. 자신이 바다의 님프들보다 아름답다고 말이에요. 이 말을 들은 바다의 님프들은 커다란 바다 괴물을 보내 에티오피아의 해안을 어지럽혔어요.

    바다 님프들의 노여움을 풀려면 안드로메다 공주를 바다 괴물에게 바쳐야 했어요. 안드로메다는 바닷가의 암초에 쇠사슬로 묶인 채 바다 괴물에게 바쳐졌지요. 바다 괴물이 안드로메다에게 서서히 다가갈 때였어요. 페르세우스가 나타나 바다 괴물과 한판 혈투를 벌였지요. 물론 페르세우스가 바다 괴물을 물리쳤어요.

    카시오페이아 왕비와 그녀의 남편 케페우스 왕, 그리고 안드로메다 공주와 페르세우스는 죽은 후 별자리가 되었어요. 이 네 별자리는 북극 하늘에 옹기종기 모여 북극성 둘레를 돌고 있지요.

    카시오페이아자리는 의자에 앉아 있는 왕비의 모습을 하고 있어요. 카시오페이아는 지금도 바다의 님프들에게 교만했던 자신을 반성하고 있지요. 1년의 절반은 바다에 고개를 숙인 채 겸손을 배우고 있는 거에요.

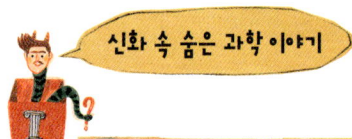
신화 속 숨은 과학 이야기

상상의 이야기를 꾸며 본 적 있나요? 아무리 이야기라고 하더라도 전혀 없는 것을 꾸며 내기는 쉽지 않아요. 용이나 봉황 같은 상상의 동물도 주변 동물의 머리나 몸통을 이리저리 꿰맞추어 만들잖아요. 옛날이야기, 신화, 전설은 옛날 사람들이 꾸며낸 이야기예요. 여기에도 옛날 사람들의 지식과 생각이 들어 있기 마련이지요.

옛날 사람들은 자연과 더불어 살아갔어요. 또 다른 사람과 부대끼며 살아갔지요. 그때 일어난 여러 가지 일들을 자신의 경험에 비추어 재미있는 이야기로 풀어냈어요. 그래서 신화와 전설에는 옛날 사람들의 지식이 숨어 있지요. 페르세우스의 모험에도 여러 가지 과학이 숨어 있어요.

나르키소스의 물거울

과학과 문학은 서로 달라요. 하지만 가끔 이런 생각을 해 봐요. 자연 현상을 아름다운 글로 나타내면 어떨까? 물론 그렇게 하면 자연 현상의 원리를 충분히 설명하지 못할 거예요. 그래도 딱딱한 과학이 멋진 글이 되지 않을까요? 신화에는 그런 표현이 많아요. 나르키소스의 신화 이야기 하나를 더 해 볼게요. 페르세우스

메두사의 머리를 들고 있는 페르세우스의 동상. 돌이 되지 않기 위해 아래쪽을 쳐다보고 있다.

의 신화와 이어지는 게 있기 때문이에요.

'나르키소스가 입을 맞추려 하면 그 여인은 금세 사라졌다가 잠시 후 다시 돌아왔어요. 손을 대려고 해도 마찬가지였지요.'

나르키소스의 신화에서 이 글은 과학적인 내용을 담고 있어요. 이 글을 과학적인 글로 나타내 볼게요.

'잔잔한 수면에는 물체의 모습이 비쳐요. 표면이 매끈하면 나란하게 입사한 빛이 나란하게 반사하기 때문이지요. 그래서 나르키소스의 모습이 샘에 비친 거예요. 나르키소스는 샘에 비친 그림자가 님프인 줄 알았어요. 나르키소스가 아름다운 님프에게 입을 맞추려 하자 님프는 사라졌어요. 나르키소스의 입이 수면에 닿아 수면이 흐트러졌기 때문이지요.

나르키소스가 손을 대도 마찬가지였지요. 하지만 잠시 후 님프는 다시 나타났어요. 수면이 다시 잔잔해졌기 때문이에요. 나르키소스는 그것도 모르고 자신이 손을 대려고 하면 님프가 도망친다고 생각했어요.' 어쩌면 옛날 사람들은 모두 시인이었는지 몰라요. 주변에서 일어나는 모든 일을 문학적으로 나타냈거든요. 그것이 과학이라도 말이에요. 나르키소스의 신화는 거울의

울퉁불퉁한 표면
빛이 흩어지며 반사하기 때문에 물체의 모습이 비치지 않는다.

매끈한 표면
빛이 가지런히 반사하기 때문에 물체의 모습이 비친다.

과학을 소재로 만들어진 거예요.

사실 잔잔한 수면은 가장 오래된 거울이에요. 안드로메다를 구한 페르세우스는 안드로메다에게 메두사의 머리를 자루에서 꺼내 보여 줘요. 이때 메두사의 머리를 직접 보면 안드로메다도 돌이 되지 않겠어요? 그래시 페르세우스는 메두사의 머리를 수면에 비춰 안드로메다에게 보여 줬어요.

방패 거울은 볼록 거울

금속을 다룰 수 있게 되면서 사람들은 거울을 만들 수 있게 되었어요. 금속의 표면을 매끈하게 갈면 물체의 모습이 비치거든요. 고대 유물의 하나인 청동 거울은 옛날 사람이 만든 금속 거울이에요. 청동은 구리에 주석 같은 금속을 섞어 만든 합금이지요.

청동 거울은 물거울과 다른 성질을 가지고 있어요. 물거울은 언제나 평평하지만 청동 거울은 구부릴 수 있어요. 이처럼 구부려 만든 거울을 구면 거울이라고 불러요. 구면 거울 중에서 오목한 것을 오목 거울, 볼록한 것을 볼록 거울이라고 부르지요. 구면 거울은 모양이 다른 만큼 거기에 비치는 상의 모습도 달라요. 상은 거울에 비치는 모습을 말해요.

부엌에서 금속 숟가락 하나를 가져와 보세요. 반짝반짝 윤이 나는 숟가락은 오목 거울이자 볼록 거울이거든요. 먼저 숟가락의

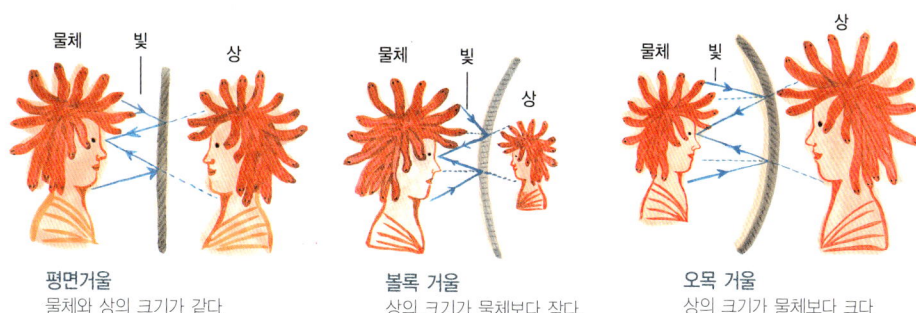

평면거울
물체와 상의 크기가 같다.

볼록 거울
상의 크기가 물체보다 작다.

오목 거울
상의 크기가 물체보다 크다.

　오목한 면에 눈을 대 보세요. 눈이 크게 보일 거예요. 이때 눈을 숟가락에 아주 가까이 대야 해요. 좀 떨어지면 거꾸로 선 작은 눈의 상이 보여요. 좀 더 멀리 떨어지면 거꾸로 선 작은 얼굴의 상이 보일 거예요.

　이번에는 숟가락의 볼록한 면에 얼굴을 대 보세요. 똑바로 선 작은 얼굴의 상이 보일 거예요. 숟가락에서 멀리 떨어질수록 상이 작아져요. 볼록 거울에서 반사한 빛은 넓게 퍼져 나가요. 그래서 상이 작게 보이지요. 오목 거울에서 반사한 빛은 안으로 모이지요. 그래서 상이 크게 보이는 거예요.

　자, 이제 페르세우스 이야기를 해 볼까요? 옛날에는 군인들이 칼이나 화살을 막기 위해 방패를 들었어요. 방패는 나무나 가죽으로 만들었지만 금속이 발견된 후에는 청동으로 만들기도 했지요. 페르세우스의 방패는 아마 청동 방패였을 거예요. 매끈한 청동 방패에는 물체를 비춰 볼 수 있거든요. 페르세우스의 방패는 볼록한 청동 거울이었던 셈이에요.

　우리는 커다란 물체에 위압감을 느껴요. 몸집이 커다란 공룡을 생각해 보세요. 하지만 공룡도 작게 축소하면 아주 귀엽게 보일 거예요. 덩치가 커다랗고 무시무시하게 생긴 메두사를 직접 본다고 생각해 보세요. 아마 무서워서 몸이 얼어 버릴 걸요. 마치 돌처럼 말이에요.

볼록 거울과 같은 청동 방패에 비춰 보면 어떨까요? 아무래도 무서움이 덜 할 거예요. 페르세우스는 청동 방패에 비친 메두사의 작은 모습을 보고 여유를 가지게 되지 않았을까요?

지구의 껍데기, 지각

지구 표면을 덮고 있는 것은 무엇일까요? 흔히 흙이라고 생각하기 쉬워요. 들은 물론 산과 숲도 흙으로 덮여 있으니까요. 하지만 흙을 조금만 파고 들어가면 단단한 암석이 나와요. 흙은 암석이 부서져 만들어진 가루에 지나지 않지요. 지구를 덮고 있는 껍데기는 암석인 거예요. 이 암석 껍데기를 지각이라고 부르지요.

지구가 생기기 전, 태양 둘레에는 작은 천체들이 수없이 날아다녔어요. 지구는 이 작은 천체들이 서로 부딪치고 눈덩이처럼 커지면서 만들어졌지요. 맨 처음 만들어진 지구는 아주 뜨거웠어요. 그래서 지구 표면도 뜨거운 액체로 넘쳤어요. 오랜 세월 지나면서 이 액체가 식은 뒤에 암석 껍데기로 굳었지요.

지각의 두께는 일정하지 않아요. 어느 곳은 두껍고 어느 곳은 얇지요. 두꺼운 곳은 위로 솟아올라 육지와 산맥을 이뤄요. 얇은 곳은 움푹 들어가 커다란 웅덩이를 이루는데 이곳이 바로 바다예요.

높은 산에 올라갔을 때를 생각해 보세요. 산꼭대기

지구를 떠받치고 있는 아틀라스. 대서양(Atlantic Ocean)의 어원이 되었다.

나 능선에 드러난 암석을 본 적이 있을 거예요. 어떤 산은 거의 암석으로 이루어져 있기도 하지요. 이 암석들이 바로 겉으로 드러난 지각의 일부예요.

아프리카의 북서쪽 끝에는 해안을 따라 길게 누워 있는 산맥이 있어요. 길이 2,000km, 너비 400km에 이르는 이 거대한 산맥의 이름은 아틀라스 산맥이에요. 그리스 신화에서 아틀라스는 페르세우스가 자루에서 꺼낸 메두사의 머리를 보고 돌이 되었어요. 그것이 바로 이 아틀라스 산맥이에요.

물론 아틀라스 산맥이 하늘을 떠받치고 있지는 않아요. 또 옛날 사람들은 지각에 대해 알지 못했을 거예요. 하지만 이 거대한 산맥이 암석 덩어리라는 사실은 알았어요. 그래서 돌이 된 아틀라스의 신화를 꾸며 내게 된 거지요.

카시오페이아자리와 북극성

안드로메다 공주는 카시오페이아 왕비의 교만함 때문에 위기에 빠졌어요. 카시오페이아는 자신의 실수를 반성하는 뜻에서 1년의 반은 바다를 향해 고개를 숙인다고 했지요? 그리스 신화에는 왜 이런 이야기가 있는 것일까요?

카시오페이아자리는 북극성을 중심으로 북두칠성과 반대쪽에 있어요. 또 북두칠성과 마찬가지로 주극성이에요. 1년 내내 북쪽 하늘에서 볼 수 있지요. 별들은 하루에 한 번 북극성 둘레를 돌아요. 매일 밤 같은 시간에 보이는 위치도 달라져요. 카시오페이아자리의 위치를 매일 밤 관찰해 보세요. 1년에 한

번 북극성 둘레를 돌 거예요. 카시오페이아자리는 왕비가 의자에 앉아 있는 모습을 하고 있어요. 그러니 카시오페이아 왕비의 머리가 6개월은 아래쪽을 향하지 않겠어요.

그리스 사람들은 이것을 보고 카시오페이아 왕비가 바다에 고개를 숙인다고 생각한 거예요. 이 신화를 만든 사람들은 아마 북쪽에 바다가 펼쳐진 곳에서 살았던 것 같아요. 이 신화에 바다의 님프와 바다 괴물이 등장하고, 카시오페이아 왕비가 바다에 고개를 숙인다고 했으니 말이에요.

북극성은 옛날 사람들에게 아주 중요한 별이었어요. 어느 곳에서나 북쪽을 알려 주니까 말이에요. 그런데 밤하늘에서 북극성을 찾기가 그렇게 쉽지는 않아요. 북극성이 눈에 띄게 밝지는 않거든요. 그래서 옛날 사람들은 눈에 잘 띄는 북두칠성을 먼저 찾고 북두칠성을 이용해 북극성을 찾았어요.

북반구의 고위도 지역에서는 북극성이 주극성이기 때문에 1년 내내 볼 수 있어요. 하지만 주변에 높은 산이 있을 때를 생각해 보세요. 북극성의 고도가 낮을 때에는 산에 가려 보이지 않을 거예요. 이때 카시오페이아자리를 찾아보세요. 카시오페이아자리는 북두칠성의 반대쪽에 있기 때문에 하늘 높은 곳에서 쉽게 찾을 수 있지요. 카시오페이아자리는 북극성과 비슷한 밝기의 별 5개가 W자를 이루고 있어요. 그래서 눈에 잘 띄기도 하지요.

카시오페이아자리로 어떻게 북극성을 찾을까요? 카시오페이아자리의 양쪽 두 별을 이으면 한 점에서 만나요. 이 점과 가운데의 별을 이은 선을 따라가면 북극성을 만날 수 있어요.

9. 지구의 보호막 대기

다이달로스와 이카로스

아테네 사람 다이달로스는 뛰어난 발명가였어요. 크레타 섬을 다스리던 미노스 왕은 다이달로스에게 어려운 임무를 주었지요.

"아무도 빠져나올 수 없는 미로의 궁전, 즉 미궁을 만들어라! 미궁을 완성하면 큰 상을 주겠지만 이 궁전을 빠져나오는 사람이 있다면 너를 그곳에 가둘 것이다."

다이달로스는 꼬불거리는 통로와 수백 개의 방으로 이루어진 복잡한 궁전을 만들었어요. 통로가 얼마나 복잡한지 사람은 물론 신마저도 이 궁전을 빠져나올 수가 없었지요. 사람들은 이 궁전을 라비린토스라고 불렀어요.

미노스 왕에게는 몸은 사람이지만 머리는 황소인 괴물 아들이 있었어요. 미노스 왕은 미노타우로스라고 불리는 그 괴물을 라비린토스의 깊은 곳에 가두었지요. 그리고 해마다 7명의 소년 소녀들을 미노타우로스에게 제물로 바쳤어요. 미노스 왕은 이 제물을 아테네에서 바치도록 했어요.

아테네 사람들은 자식들을 괴물의 제물로 바칠 때마다 마음이 아팠어요.

하지만 아테네가 크레타 왕국보다 힘이 약해 어쩔 수 없었지요. 아테네의 왕자 테세우스는 미노타우로스를 처치해야겠다고 다짐했어요. 테세우스는 자신이 직접 제물이 되어 크레타 섬으로 건너갔지요.

미노스 왕에게는 아리아드네라는 딸이 있었어요. 아리아드네는 늠름하고 잘생긴 테세우스를 보고 한눈에 반했지요. '테세우스가 라비린토스를 무사히 빠져나와야 할 텐데.' 아리아드네는 테세우스를 걱정하며 그에게 칼과 실꾸리를 건네주었어요. 테세우스는 실꾸리를 풀며 라비린토스의 비밀 방으로 들어가서, 미노타우로스를 칼로 찔러 죽이고 실을 따라 무사히 라비린토스를 빠져나올 수 있었지요.

하지만 라비린토스에서 테세우스가 빠져나오자 다이달로스가 그곳에 갇히게 되었어요. 미노스 왕은 다이달로스와 그의 아들 이카로스를 라비린토스의 높은 탑에 가두었어요.

자신이 만든 궁전에 갇히고 말다니! 다이달로스는 한숨을 내쉬었어요. 하지만 도망칠 방법도 막막했어요. 미노스 왕의 군대가 주변을 철통같이 지켰으니 말이에요. 그렇다고 탈출을 포기할 다이달로스가 아니었어요. 최고의 발명왕이 이곳에서 썩고 있을 수는 없었지요. 다이달로스는 결국 좋은 방법을 생각해 냈어요.

다이달로스는 탑 위를 날아다니는 새들을 보고 날개를 만들기 시작했어요. 깃털을 모으고 밀랍으로 그 깃털을 붙여 갔어요. 커다란 날개가 완성되자

날개를 팔에 엮을 수 있도록 끈을 매달았지요. 날개를 팔에 붙이고 흔들자 몸이 하늘로 떴어요. 금세라도 날아갈 수 있었지요. 모든 준비가 끝나자 다이달로스는 이카로스에게 주의를 주었어요.

"아들아, 날개를 달고 너무 낮게 날지 말거라. 바다의 습기 때문에 날개가 무거워지니까 말이야. 또 너무 높게 날지도 말아야 한다. 태양에 너무 가까이 가면 햇볕에 밀랍이 녹아 깃털이 떨어져 나간단다."

이카로스는 알았다고 대답했어요. 하지만 그것도 잠시뿐이었지요. 하늘을 날게 된 이카로스는 너무 흥분해서 아버지의 말을 잊은 거예요. 이카로스는 신이 나 마음껏 하늘을 날았어요. 그런데 이게 웬일이에요? 햇볕에 밀랍이 녹으면서 깃털이 하나둘씩 떨어져 나간 거예요. 이카로스는 중심을 잃고 떨어지기 시작했어요. 아무리 날갯짓을 해도 소용이 없었지요.

다이달로스는 자신이 날개를 완벽하게 만들지 못한 탓에 아들이 죽었다며 울부짖었어요. 하지만 그렇게 한다고 죽은 아들이 돌아올 리 없었지요. 다이달로스는 아들의 시신을 찾아 고이 묻어 주었어요.

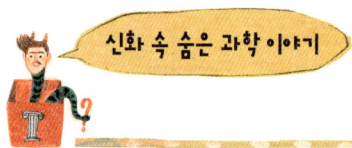

신화 속 숨은 과학 이야기

다이달로스는 신화 속에 나오는 인물이에요. 하지만 그의 이야기 속에는 아주 오래전부터 하늘을 날고 싶어 한 인간의 소망이 담겨 있다는 것을 알 수 있지요. 새의 깃털을 모아 날개를 만들어 하늘을 날고자 했던 다이달로스의 헛된 꿈이 있었기에 우리는 지금 우주 비행선을 띄울 수 있는 것이에요.

우리 주변에 가득한 공기

새들은 어떻게 날아다니고, 머리카락은 왜 흩날리는 걸까요?

텅 빈 공간처럼 보이는 우리 주변에도 무언가 가득해요. 바로 공기지요. 옛날 사람들도 우리 주변에 공기가 가득하다는 사실을 알고 있었어요. 공기는 투명해서 볼 수 없고 아주 가벼워서 느낄 수 없어요. 하지만 공기도 물처럼 힘을 가지고 있어요.

새들은 힘차게 날갯짓을 하며 공기를 박차고 날 수 있지요. 다이달로스는 하늘을 나는 새를 보고 날개를 만들었어요. 새처럼 날개를 퍼덕이면 공기를 박차고 날 수 있다고 생각한 거예요. 공기는 또

이카로스에게 날개를 달아 주고 있는 다이달로스

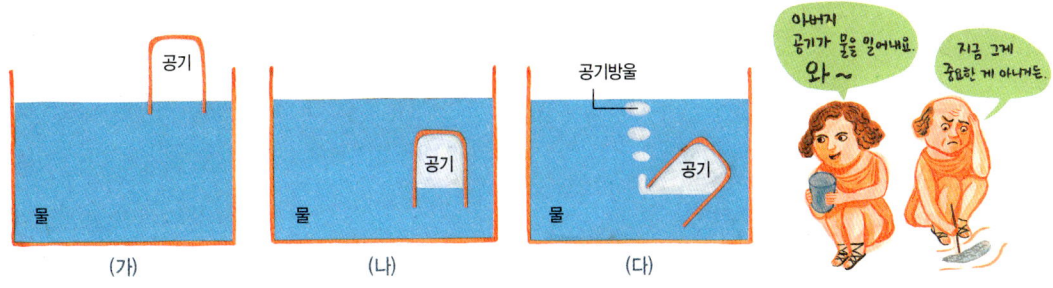

물처럼 흐르기도 해요. 공기의 흐름을 바람이라고 부르지요. 머리카락이 흩날리는 것은 공기가 흐르기 때문이에요.

간단한 실험으로 공기를 볼 수도 있어요. 커다란 그릇에 물을 가득 채워요. 물그릇에 유리컵을 거꾸로 넣어 보세요. 맨 처음에는 (가)처럼 유리컵에 어느 정도 물이 들어차지요. 이 유리컵을 (나)처럼 물속에 푹 담가 보세요.

만일 유리컵 속에 아무것도 없다면 유리컵 속에는 물이 가득 찰 거예요. 하지만 유리컵 속에는 공간이 생겨요. 마치 무엇인가 물이 들어오지 못하도록 밀어내는 것처럼 보이지요. 그 무엇이 바로 공기예요. 공기가 물을 밀어내다니 공기의 힘도 참 대단하지요.

이번에는 물속에서 유리컵을 (다)처럼 기울여 보세요. 유리컵 속에서 공기가 빠져나올 거예요. 공기는 물보다 가볍기 때문에 공기 방울을 이루며 위로 올라가요. 유리컵 속의 공기가 다 빠져나가면 유리컵 속에는 물이 가득 찰 거예요.

날개의 비밀, 양력

사람들은 아주 오랜 옛날부터 하늘을 날고 싶어 했어요. 어떻게 하면 하늘을 날 수 있을까? 하늘을 나는 새를 본 사람은 누구든 날개만 있으면 날 수 있을 거라고 생각했을 거예요. 다이달로스도 그런 생각을 가지고 날개를 만들었지요.

다이달로스는 아주 영리한 사람 같아요. 날개를 새의 깃털로 만들었잖아요. 사실 날개는 아주 가볍고 튼튼해야 해요. 다이달로스는 뛰어난 기술자이기도 했으니 틀림없이 날개를 튼튼하게 만들었을 거예요. 하지만 다이달로스도 모르는 게 있었어요. 날개가 있다고 모두 하늘을 날 수 있는 것은 아니거든요.

새들은 하늘을 날기에 알맞은 몸을 가지고 있어요. 몸의 생김새는 날렵해서 바람의 저항을 덜 받지요. 또 뼈의 속이 비어 있어서 몸무게를 줄일 수 있어요. 음식물은 금세 소화시켜 배출할 수도 있지요. 가장 중요한 것은 커다란 날개를 퍼덕일 수 있는 튼튼한 근육을 가졌다는 거예요.

사람은 다이달로스가 만든 날개를 달고 날 수는 없어요. 너무 힘이 들어서 날갯짓을 몇 번 하다가 금세 지칠 테니 말이에요. 다이달로스 이후에도 많은 사람들이 날개를 만들어 하늘을 날려고 노력했어요. 하지만 성공한 사람은

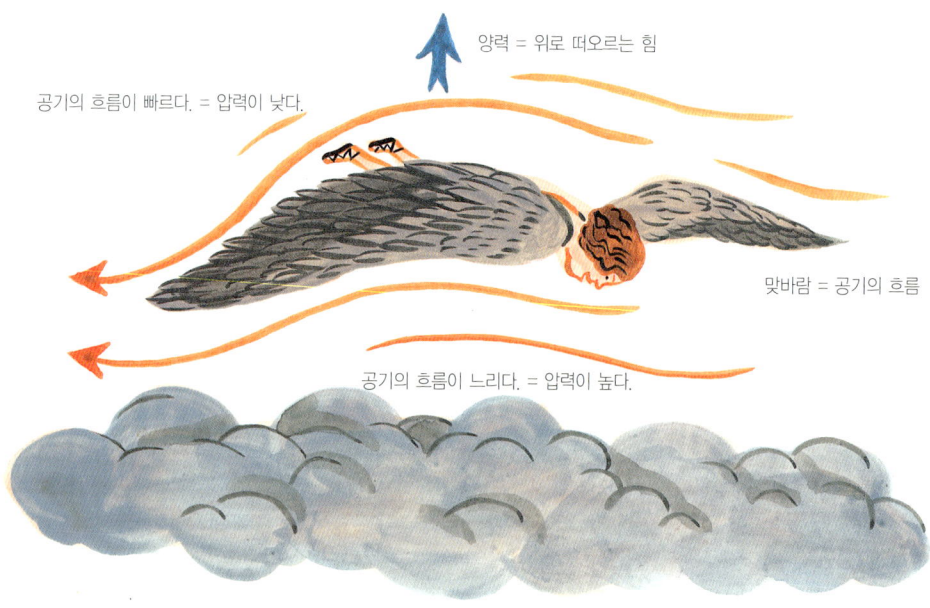

아무도 없었지요. 다이달로스의 비행은 그저 신화 속의 이야기에 지나지 않는 거예요.

사람은 새의 날개에 숨어 있는 비밀 하나를 더 풀고 나서야 비로소 날개를 이용해 하늘을 날 수 있었어요. 새들이 하늘을 날 때 항상 날갯짓을 하는 것은 아니에요. 맞바람을 맞으며 날개를 펼친 채 있어도 새의 몸은 하늘에 떠 있지요. 그 이유는 새의 날개 모양에 있어요.

새의 날개를 옆에서 보면 약간 위로 구부러져 있어요. 맞바람은 날개의 위 아래를 스치며 흐르지요. 이때 날개의 아래쪽으로 흐르는 공기는 느리고 위쪽으로 흐르는 공기를 빨라요. 그런데 공기의 흐름이 빠를수록 압력이 낮아져요. 날개 아래쪽은 압력이 높고 위쪽은 압력이 낮은 거예요. 따라서 날개에는 아래쪽에서 위쪽으로 미는 힘이 작용하지요. 이 힘을 양력이라고 부르는데 새나 비행기가 하늘을 나는 것은 바로 양력이 있기 때문이에요.

고도와 기온의 변화

대기는 새와 비행기를 날게 해 줄 뿐만 아니라 지구를 따뜻하게 만들어 주기도 해요. 햇볕이 쨍쨍 내리쬐는 날을 생각해 보세요. 지면이 따끈따끈할 거예요. 태양의 열이 지면을 데우기 때문이지요. 지면이 따뜻해지면 지면 근처의 공기도 따뜻해져요. 지면의 열이 공기로 전달되는 거지요.

만일 대기가 없다면 지면의 열은 그냥 우주 공간으로 빠져나갈 거예요. 그럼 지구는 꽁꽁 얼어 버린다고 하는군요. 지구가 지금처럼 따뜻한 것은 대기가 지면의 열을 어느 정도 붙들어 두기 때문이에요. 과학자들은 대기 때문에 지구가 따뜻해지는 현상을 온실 효과라고 불러요.

흔히 사람들은 지면에서 위로 올라갈수록 기온이 높아진다고 생각해요. 지면에서 높이 올라갈수록 뜨거운 태양에 가까워지니까 말이에요. 옛날 사람들도 그렇게 생각했어요. 그래서 다이달로스가 이카로스에게 너무 높이 날지 말라고 주의를 준 거예요. 높이 날면 태양에 가까워져 깃털을 붙인 밀랍이 녹는다는 거지요.

하지만 햇볕은 대기를 그냥 지나쳐요. 햇볕의 열이 대기에 직접 전달되지 않는 거예요. 앞에서 설명했듯이 햇볕은 지면을 데우고, 지면이 공기를 데워요. 그러니 지면에서 높이 올라갈수록 기온이 낮아지지 않겠어요?

산에 올라가 보세요. 높이 올라갈수록 점점 추워질 거예요. 과학자들은 고도가 100m 높아질 때마다 기온이 0.6℃쯤 낮아진다고 해요. 1,000m 높이의 산꼭대기에서는 지면보다 무려 6℃가 더 낮은 거예요. 그러니 수천 미터 높이의 산꼭대기에서는 어떻겠어요? 산꼭대기의 눈이 1년 내내 녹지 않을 만큼 추워요.

다이달로스가 이런 사실을 알았더라면 이카로스에게 아마 이렇게 말했을 거예요.

"아들아, 너무 높게 날지 마라. 높이 올라갈수록 추워지기 때문에 몸이 얼어 날갯짓을 할 수 없게 된단다."

낮과 밤의 바람의 방향

다이달로스가 활약하던 곳은 크레타 섬이었어요. 그러니 라비린토스는 바닷가에 세워졌을 거예요. 바닷가에는 바람이 세차게 불어요. 만일 다이달로스가 정말 하늘을 날아 탈출에 성공했다면 아마 바람의 성질을 잘 알았을 거예

낮에 부는 바람의 방향 　　　　　　밤에 부는 바람의 방향

요. 바닷가의 바람은 밤과 낮에 따라 변덕스럽게 바뀌거든요.

햇볕은 땅과 바다에 골고루 내리쬐요. 하지만 땅과 바다의 온도는 서로 달라요. 똑같은 열을 가해도 데워지고 식는 정도가 물질에 따라 다르거든요. 땅은 금세 데워지고 금세 식지만 물은 천천히 데워지고 천천히 식어요.

햇볕이 쨍쨍 내리쬐는 낮에는 땅의 온도가 바다의 온도보다 높아요. 땅이 따뜻하게 데워지는 거예요. 그럼 땅 근처의 공기도 따뜻하게 데워지겠지요. 따뜻한 공기는 위로 솟아올라요. 공기를 데우면 밀도가 낮아지기 때문이에요. 땅 근처의 공기가 위로 솟아오르면 그곳의 공기를 메우기 위해 바다 쪽에서 차가운 공기가 밀려와요. 낮에는 바람이 바다에서 육지로 부는 거예요.

밤에는 땅과 바다가 식기 시작해요. 그런데 땅이 바다보다 빨리 식기 때문에 밤에는 바다의 온도가 땅의 온도보다 높아요. 따라서 밤에는 바다 근처의 공기가 위로 솟아오르고 그곳의 공기를 메우기 위해 땅 쪽에서 공기가 밀려가요. 밤에는 바람이 육지에서 바

미노타우로스가 살았다고 전해지는 크레타 섬 전경

다로 부는 거예요.

우리가 다이달로스가 되어 탈출 계획을 한번 세워 볼까요? 먼저 날개를 아주 커다랗게 만들어야 해요. 그래야 바람을 잘 받을 테니까요. 물론 날갯짓을 해서 날 수는 없어요. 그렇다면 위로 솟아오르는 공기를 타고 날아야 하겠지요. 마치 연이나 행글라이더처럼 말이에요. 땅의 공기는 낮에 위로 솟아올라요. 그러니 햇볕이 따가운 한낮에 탑 위에서 위로 솟아오르는 바람을 기다리는 거예요.

자, 햇볕이 쨍쨍 쬐고 땅이 뜨거워지면서 바람이 위로 솟기 시작해요. 높은 탑 위에서 날개를 펼치니 치솟는 바람을 타고 몸이 떠올랐어요. 하늘 높이 솟은 후에는 날개의 각도를 조절하며 앞으로 나아가야 해요. 저 멀리 보이는 해안까지 말이에요.

10. 물질과 물질의 변화

미다스 왕의 황금 손과 당나귀 귀

　미다스는 프리기아의 왕이었어요. 어느 날 농부들이 술에 취한 노인 한 분을 모시고 왔어요. 미다스 왕은 이 노인이 실레노스라는 사실을 알고 열흘 동안 잔치를 열어 환대해 주었지요. 실레노스는 디오니소스라는 신을 키우고 가르친 사람이었거든요. 실레노스의 행방을 찾던 디오니소스는 이 사실을 알고 크게 기뻐했어요. 그리고 미다스 왕에게 무슨 소원이든 한 가지를 들어 주겠다고 말했지요.

　미다스 왕은 욕심이 많았나 봐요. 자신의 손에 닿는 것은 무엇이든 황금으로 변하게 해 달라고 부탁했거든요. 디오니소스는 미다스 왕의 부탁이 마음에 들지 않았어요. 하지만 무슨 부탁이든 들어주겠다고 약속했으니 어쩔 수 없었지요.

　"지금부터 네 손에 닿는 것은 무엇이든 황금으로 변할 것이다."

　미다스 왕은 돌아오자마자 디오니소스의 말이 정말인지 아닌지 시험해 봤어요. 미다스 왕이 참나무 가지를 꺾어 들자 황금 가지로 변했어요. 사과나무에서 딴 사과는 황금 사과로 변했지요. 미다스 왕은 뛸 듯이 기뻐하며 하인들에게 맛있는 음식을 준비하라고 명령했어요. 그 동안 너무 기뻐서 배고픈 줄도 몰랐던 거예요.

"하하하. 이제 나는 세상에서 가장 부자가 될 거야. 부자도 먹어야 살겠지? 참 먹음직스러운 빵이로구나."

미다스 왕은 접시에 놓인 커다란 빵을 덥석 집었어요. 그런데 이게 웬일이에요? 빵이 황금으로 변해 먹을 수 없게 된 거예요. 그뿐 아니었어요. 포도주를 마시려 해도 액체 황금으로 변했거든요. 미다스 왕은 금세 울상이 되었어요.

"아뿔싸! 내가 큰 실수를 저질렀구나. 세상에서 가장 부자인 내가 아무것도 먹을 수 없다니."

미다스 왕은 자신의 지나친 욕심을 뉘우쳤어요. 이제 황금보다 더 중요한

것이 무엇인지 깨닫게 된 거예요. 미다스 왕은 자신을 구해 달라고 디오니소스에게 애원했어요. 조금 전까지만 해도 스스로 원했던 황금의 손을 하늘 높이 쳐들고 밀이에요.

　디오니소스는 자비심이 많았나 봐요. 미다스 왕을 불쌍히 여겨 이렇게 말했어요.

　"파크톨로스 강이 시작하는 곳에서 머리와 몸을 담그고 네 잘못을 깨끗이 씻어라."

　미다스 왕은 디오스소스가 일러 준 대로 강물에 몸을 담갔어요. 물론 황금의 저주는 풀렸지요. 그 대신 강변의 모래가 황금으로 변해 반짝이기 시작했어요.

　미다스 왕은 이제 권력도 황금도 싫어하게 되었어요. 그래서 한적한 시골에서 들의 신인 판을 숭배하며 살았지요. 어느 날 판은 무모하게도 음악의 신인 아폴론에게 누가 연주를 더 잘 하는지 시합을 하자고 제안했어요. 아폴론은 판의 도전을 받아들였어요. 심판은 산의 신인 트몰로스가 맡기로 했지요.

　먼저 판이 피리를 불었어요. 들의 축제에서 익힌 판의 피리 연주는 황홀했어요. 미다스 왕은 우연히 옆에서 연주를 듣고 아주 만족스러운 표정을 지었지요. 하지만 그 누구도 음악의 신을 당

할 수는 없었어요. 트몰로스는 아폴론의 아름다운 리라 연주를 듣고 정신을 잃을 뻔했으니까요. 트몰로스는 당연히 아폴론의 승리를 선언했어요.

모두 아폴론의 승리를 인정했지만 미다스 왕은 그러지 않았어요. 심판이 공정하지 못했다는 거였지요. 미다스 왕은 판의 추종자였기 때문이에요. 아폴론은 크게 노했어요. 이처럼 무식한 사람의 귀를 그냥 놔두어서는 안 되겠다고 생각했지요. 그래서 아폴론은 미다스 왕의 귀를 크게 늘여 당나귀 귀로 만들었어요.

미다스 왕은 흉측한 귀를 수건으로 감추고 백성들에게는 비밀로 했어요. 하지만 이발사 앞에서는 수건을 풀 수밖에 없었지요. 미다스 왕은 자신의 귀에 대해서는 꼭 비밀을 지켜야 한다고 이발사에게 명령을 내렸어요. 그 명령을 어기면 엄벌에 처한다고 말했지요. 이발사는 그러겠다고 대답했지만 하루 종일 우스꽝스러운 왕의 귀가 떠올라 견딜 수 없었어요.

입이 근질거려 도저히 참을 수 없게 되자 이발사는 들로 나갔어요. 그리고 땅에 구멍을 파고 그 구멍에 미다스 왕의 비밀을 털어놓았지요. 그제야 속이 후련해진 이발사는 구멍을 다시 흙으로 덮고 집으로 왔어요.

얼마 후 들에 갈대가 무성하게 자랐어요. 그리고 바람이 불 때마다 그 갈대숲에서는 이런 속삭임이 들렸어요.

"임금님 귀는 당나귀 귀랍니다~!"

> 신화 속 숨은 과학 이야기

황금은 옛날부터 가장 귀한 물질이었어요. 흔한 것으로 귀한 황금을 만들 수는 없을까? 그럴 수 있다면 세상을 내 마음대로 할 수 있을 텐데! 사람들은 이 욕심을 채우려고 물질에 대해 연구하기 시작했어요. 이 노력을 연금술이라고 말하지요. 우리가 지금 화학이라고 부르는 학문은 바로 연금술에서 시작되었어요.

물질을 이루는 요소, 원소

세상에는 수많은 물질이 있어요. 이 물질들은 색, 맛, 냄새, 무게 등의 성질이 서로 다르지요. 예를 들어 설탕과 소금은 아주 비슷하게 생겼어요. 하지만 맛을 보면 설탕은 달고 소금은 짜요. 설탕과 소금은 어째서 다른 맛을 낼까요? 이 물질과 저 물질의 성질이 다른 이유는 무엇일까요?

옛날 사람들은 물질을 이루는 기본 요소가 있다고 생각했어요. 더 이상 나누어지지 않는 이 요소를 원소라고 불렀지요. 고대 그리스의 철학자 엠페도클레스는 원소에는 흙과 물과 공기와 불의 4가지가 있다고 주장했어요. 세상의 모든 물질은

아폴론과 판의 연주 시합에서 미다스 왕이 판정을 내리고 있다.

이 4가지 원소가 적절히 섞여 만들어진다고 생각했지요. 이 생각을 4원소설이라고 불러요.

4원소설은 물질이 변하는 이유도 설명해 주었어요. 예를 들어 나무가 불과 흙으로 이루어져 있다고 생각해 봐요. 그럼 나무를 태우면 불길이 솟고 재가 남는 이유를 설명할 수 있어요. 나무를 이루는 성분 중에서 불이 빠져나가고 흙은 재가 되어 남는다는 거예요.

모든 물질이 원소로 이루어져 있다는 생각은 아주 기발했어요. 그뿐 아니라 일확천금을 노리는 사람들에게 큰 희망을 주었지요. 모든 물질이 원소로 이루어져 있다면 황금도 여러 가지 물질, 즉 원소를 섞어서 만들 수 있다는 뜻이 아니겠어요?

연금술사들은 돈 많은 귀족이나 왕에게 부탁하여 연구 자금을 얻어 내기도 했어요. 은을 황금으로 만들어 보겠다고 말이에요. 아마 미다스 왕도 황금의 손을 갖기 전에 연금술사를 고용했을 걸요.

연금술사들은 은이나 수은 같은 금속, 황이나 인처럼 불이 잘 붙는 물질 등을 섞어 가며 실험을 했어요. 황금을 만들 수 있다는 확신을 가지고 말이에요. 그러는 동안 우리 생활에 필요한 여러 가지 새로운 물질들이 발견되기도 했지요. 화약, 물감, 의약품, 화장품, 유리 같은 것들이 바로 연금술사들의 작품들이에요.

연금술사들의 노력에도 불구하고 황금은 만들 수가 없었어요. 하지만 연금술사들은 황금보다 더 중요한 사실을 발견하게 되었지요. 오랫동안 믿었던 4원소설이 틀렸다는 것을 깨달은 거예요.

그 동안 연금술사들은 다소 허황된 생각을 하는 사람들로 여겨져 왔어요.

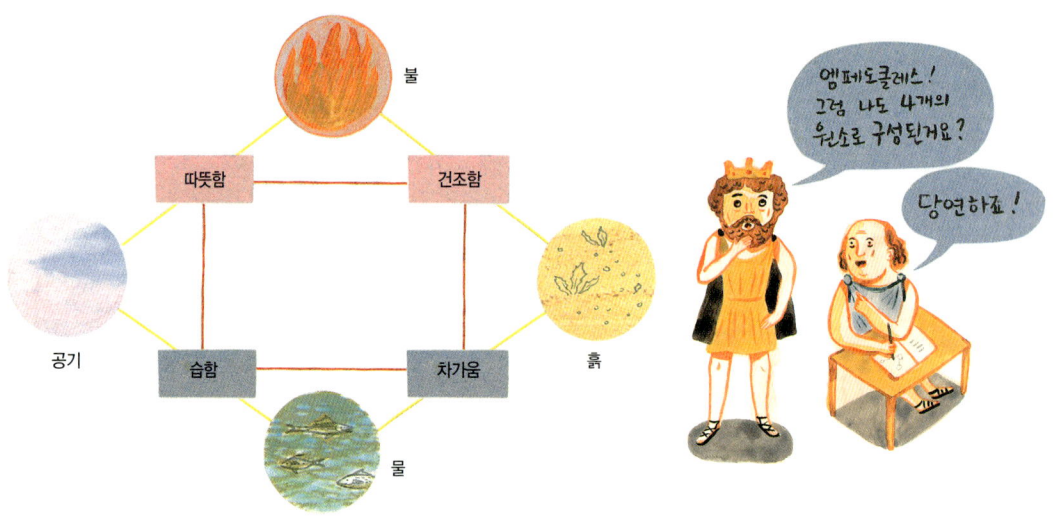

엠페도클레스가 처음 주장한 4원소설은 아리스토텔레스에 의해 네 가지 원소 외에 물질의 특유한 성질인 건, 습, 온, 냉이 합쳐져 세상의 모든 것이 만들어진다는 이론으로 발전하였다.

그런데 연금술사들은 오랜 세월 연구로 얻어낸 지식을 체계적으로 다지면서 물질을 다루는 과학자들이 되어 갔어요. 사람들은 체계적으로 발전한 연금술을 화학, 화학을 연구하는 사람들을 화학자라고 불렀어요.

진짜 원소를 발견하다!

소금물을 증발시키면 소금이 남아요. 소금물은 소금과 물로 이루어져 있거든요. 화학자들은 이처럼 물질 속에서 다른 물질을 뽑아낼 수 있어요. 1766년에는 캐번디시라는 화학자가 마그네슘 같은 금속에서 수소를 뽑아냈어요. 수소는 공기 같은 기체로 가볍고 불에 잘 타는 성질을 가지고 있어요. 그래서 캐번디시는 수소를 '불타는 공기'라고 불렀지요.

1774년에는 프리스틀리라는 화학자가 산화수은이라는 물질에서 산소를 뽑아냈어요. 산소는 물질이 타도록 만들어 주는 기체예요. 유리병에 촛불을 켜고 뚜껑을 닫으면 잠시 후 촛불이 꺼져요. 유리병 속에 산소가 떨어졌기 때문이에요. 하지만 유리병에 산소를 넣으면 불씨만 남았을 때라도 촛불이 활활 살아나지요.

수소와 산소는 공기와 구별하기 힘들 정도로 비슷해요. 하지만 성질은 전혀 다르지요. 또 앞의 촛불 실험에서 알 수 있듯이 산소는 공기를 이루는 성분의 하나이기도 해요. 4원소설에서는 공기가 원소라고 했는데 어찌된 일일까요? 화학자들은 4원소설을 의심하기 시작했어요. 그리고 공기는 원소가 아니라 산소와 수소 같은 여러 가지 기체가 섞여 있는 물질이라고 생각했지요.

금속에서 수소를 뽑아낸 캐번디시는 놀라운 사실을 또 하나 발견했어요. 수소를 태웠더니 물이 만들어진 거예요. 수소를 태운다는 것은 수소와 산소를 결합시킨다는 뜻이에요. 이것은 물은 산소와 수소로 이루어진 물질이라는 뜻 아니겠어요? 이런 사실을 바탕으로 화학자들은 물도 원소가 아니라고 생각했어요.

화학자들은 흙과 물과 공기와 불이 더 이상 원소가 아니라고 생각했어요. 그리고 수소와 산소 같은 물질이 진짜 원소라고 생각하게 되었지요. 여기에 쐐기를 박은 사람은 라부아지에라는 위대한 화학자였어요.

4원소설에서는 물을 끓이면 흙이 된다고 주장했어요. 플라스크에 물을 넣고 끓이면 찌꺼기가 가라앉는데,

18세기 무렵의 정전기계. 왼쪽 것은 프리스틀리가 오른쪽 것은 프랭클린이 고안한 것이다.

이 찌꺼기가 바로 물에서 만들어진 흙이라는 거예요. 라부아지에는 4원소설을 믿지 않았기 때문에 이 실험에 오류가 있을 거라고 생각했어요. 그리고 정밀하게 실험을 했지요.

라부아지에는 물을 끓이기 전에 플라스크의 무게를 쟀어요. 물을 끓인 후에도 플라스크의 무게를 쟀지요. 그랬더니 플라스크의 무게가 줄었지 뭐예요. 물을 끓인 후 줄어든 무게 차이는 찌꺼기의 무게와 같았어요. 이것은 찌꺼기가 물에서 만들어진 게 아니라 플라스크에서 떨어져 나온 것이라는 뜻이었어요.

이제 4원소설은 설 자리를 잃었어요. 그 대신 수소, 산소, 질소, 구리, 금 같은 물질들이 진짜 원소라고 여겨졌지요. 라부아지에는 그때까지 발견된 원소들을 목록으로 만들었어요. 지금 우리가 알고 있는 원소들은 라부아지에가 처음 정하기 시작한 거예요.

황금을 만들 수 있다!

화학자들의 노력으로 물질과 물질의 변화에 대해 많은 사실이 밝혀졌어요. 물은 산소와 수소라는 원소로 이루어져 있으며, 이산화탄소는 산소와 탄소라는 원소로 이루어져 있어요. 또 양초가 탄다는 것은 양초를 이루는 탄소와 공기 중의 산소가 결합하는 현상이에요. 그런데 아직 밝혀야 할 것이 남아 있어요. 도대체 원소란 무엇이고, 이 원소와 저 원소가 다른 이유는 무엇일까요?

1803년 돌턴이라는 화학자는 원소의 본질은 작은 알갱이라고 주장했어요. 그리고 그 작은 알갱이를 원자라고 불렀지요. 산소라는 원소는 사실 산소 원자라는 작은 알갱이라는 거예요. 또 모든 원자는 질량이 다르기 때문에 서로 구별된다고 생각했지요. 이 주장을 돌턴의 원자설이라고 불러요.

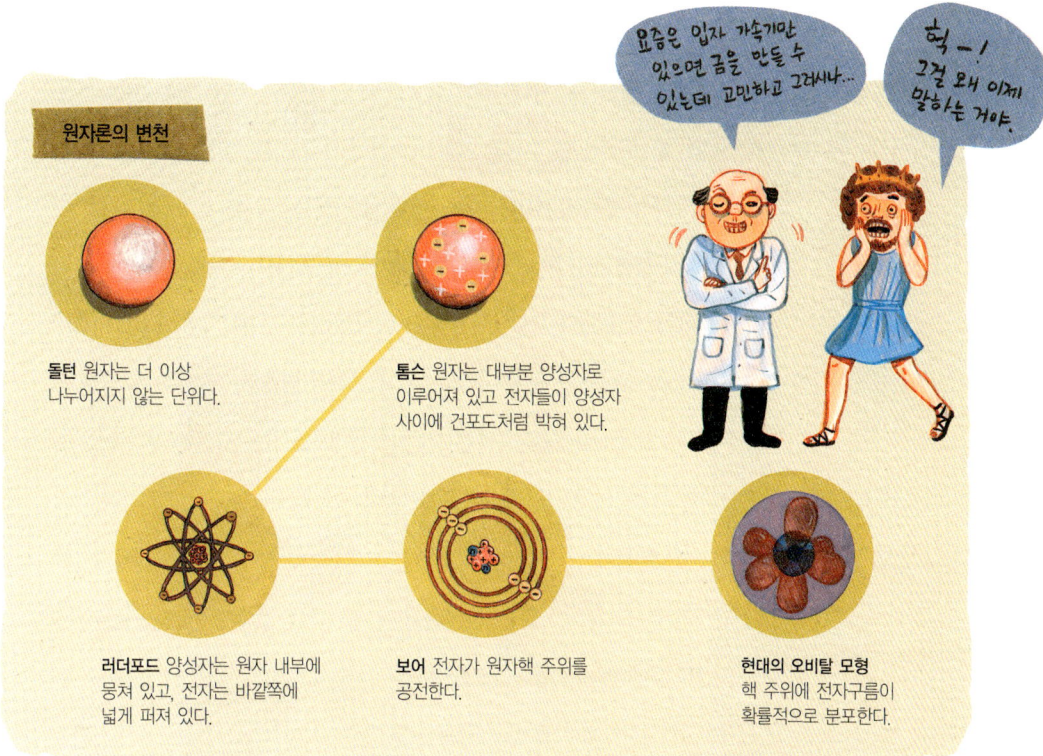

　돌턴의 원자설은 물질을 이해하는 데에 큰 도움을 주었어요. 이제 어떤 물질이 어떤 원자 몇 개로 이루어져 있으며, 물질이 변할 때 원자들이 어떻게 이동하는지 설명할 수 있게 되었지요. 더 나아가 원자도 더 작은 알갱이로 이루어져 있다는 사실도 밝혀졌어요.

　현대의 과학자들은 원자가 원자핵과 그 둘레를 도는 전자로 이루어져 있다고 생각해요. 또 원자핵은 양성자와 중성자라는 아주 작은 알갱이로 이루어져 있다고 생각하지요. 양성자와 중성자의 질량은 같아요. 전자의 질량은 아주 작지요. 따라서 원자의 질량은 양성자와 중성자의 질량을 더한 값이나 마찬가지예요.

　원자의 종류는 원자의 질량에 따라 달라진다고 했어요. 또 원자의 질량은 양성자와 중성자의 개수에 따라 정해져요. 그러니까 원자의 종류는 양성자와 중성자의 개수에 따라 달라지는 거예요. 예를 들어 수소 원자는 양성자 1개를 가지고 있어요. 산소 원자는 양성자 8개와 중성자 8개를 가지고 있지요. 따라서 산소 원자는 수소 원자보다 16배 무겁다고 할 수 있지요.

여기에서 미다스 왕이 그토록 원하던 황금의 원자에 대해 잠시 알아볼까요? 황금이란 금을 말해요. 금은 79개의 양성자와 118개의 중성자로 이루어진 아주 무거운 원소예요. 만일 누군가 어떤 물질의 원자에서 양성자와 중성자를 마음대로 더하거나 뺄 수 있다면 금을 만들 수도 있을 거예요. 놀라지 마세요! 현대의 과학자들은 그런 일을 할 수 있어요.

백금은 금과 비슷한 원소로 78개의 양성자와 117개의 중성자로 이루어져 있어요. 백금의 원자에 양성자와 중성자를 각각 1개씩 더한다면 금이 될 거예요. 과학자들은 입자 가속기라는 장치를 이용해 이런 일을 할 수 있어요. 입자 가속기는 원자보다 작은 알갱이를 빠른 속도로 발사하는 장치지요.

미다스 왕이 이 소식을 들었다면 얼마나 기뻐했을까요? 보통 물질로 황금을 만들 수 있다니 말이에요. 하지만 미다스 왕이 황금 손을 얻고 금세 후회한 것처럼 입자 가속기를 이용해 금을 만드는 것도 쓸데없는 일이에요. 백금이 금보다 훨씬 비싸거든요. 또 보통 물질로 금을 만드는 장치를 만드는 것보다 그냥 금을 사는 것이 훨씬 싸니까요.

소리를 잘 듣는 당나귀의 귀

삼국유사는 고려 시대의 승려였던 일연이 지은 책이에요. 삼국유사에는 미다스 왕의 귀와 비슷한 이야기가 기록되어 있어요. 신라 제48대 임금인 경문왕은 귀가 나귀의 귀처럼 길었다고 해요. 왕은 왕관 속에 귀를 숨겨 아무도 그 사실을 알지 못하게 했으나, 왕관을 만드는 사람에게는 자신의 귀를 보여 줄 수밖에 없었어요. 평생 왕의 비밀을 지키던 그는 죽을 때가 되자 도림사라는 절의 대나무 숲에 가서 대나무를 보고 이렇게 외쳤어요.

"우리 임금님 귀는 당나귀 귀처럼 생겼다!"

그 후 바람이 불면 대나무 숲에서 '우리 임금님 귀는 당나귀 귀처럼 생겼다!'라는 소리가 들렸다고 해요. 경문왕은 그 소리가 싫어 대나무를 모두 베어 버리고 산수유를 심었는데, 그 후로는 숲에서 나는 소리가 '우리 임금님 귀는 기다랗다!'로 바뀌었다고 해요.

왕이 나라를 잘 다스리려면 여러 사람의 말을 귀담아들어야 해요. 다른 사람의 말을 잘 귀담아듣는 사람을 흔히 '귓문이 넓다.'고 말하지요. 귓문이란 바깥쪽으로 열려 있는 귓구멍을 말해요. 또 귓문을 감싸고 있는 깔때기 모양의 기관을 귓바퀴라고 불러요.

경문왕이나 미다스 왕의 귀가 당나귀의 귀처럼 길어졌다는 것은 귓바퀴가 커졌다는 뜻이에요. 이처럼 여러 나라의 신화에 왕의 귀가 커졌다는 이야기가 등장하는 것은 왕은 그만큼 백성의 소리에 귀를 기울이라는 교훈이에요. 귓바퀴가 커지면 그만큼 소리를 잘 들을 수 있거든요.

우리는 에코와 나르키소스의 신화에서 소리가 사방으로 퍼져 나간다는 것을 배웠어요. 사실 소리는 물결처럼 원을 그리며

소리는 원을 그리며 퍼져 나간다

퍼져 나가요. 그래서 아무리 큰 소리라고 하더라도 먼 곳에서는 작게 들리는 거예요. 그런데 먼 곳에서 들리는 작은 소리를 잘 듣는 방법이 있어요. 깔때기를 귀에 대는 거예요.

소리는 다음 그림처럼 원을 그리며 퍼져 나가요. 소리 에너지, 즉 소리의 크기는 원이 커질수록 점점 약해지지요. 먼 거리에 떨어져 있을 때 우리 귀는 귓바퀴만큼의 소리 에너지를 받아들여요. 이때 깔때기를 쓰면 깔때기의 크기만큼 소리 에너지를 더 많이 모을 수 있지요. 그래서 소리를 잘 들을 수 있는 거예요.

초식 동물들은 주변에서 나는 소리를 잘 들어야 해요. 혹시 사냥꾼이 다가오고 있는지도 모르니까요. 그래서 토끼나 노루 같은 초식 동물은 커다란 귓바퀴를 가지고 있어요. 당나귀도 마찬가지지요.

이제 경문왕이나 미다스 왕의 신화에 어떤 뜻이 담겨 있는지 알 수 있겠지요? 왕은 커다란 귀를 가지고 백성들의 소리를 잘 들으라는 교훈이 담겨 있는 거예요.

11. 여러 종류의 동물과 우리 몸의 기관

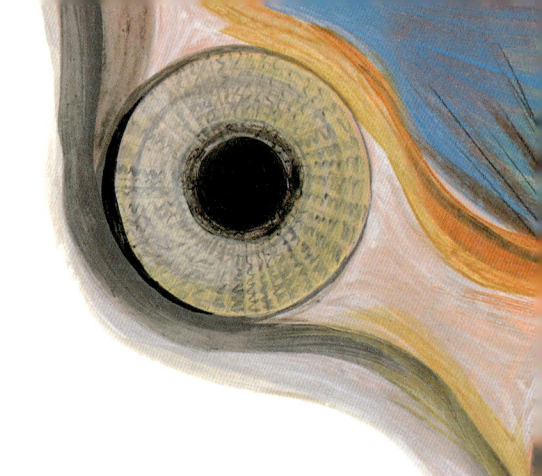

프로메테우스의 시련

　그리스 신화에 따르면 세상은 카오스라고 불리는 혼돈의 덩어리에서 만들어졌다고 해요. 카오스는 아무것도 아니면서 모든 것이 될 수 있는 불가사의한 존재였어요. 어느 날 카오스에 섞여 있던 땅과 하늘이 나누어지고, 또 바다가 갈라졌어요. 그리고 하늘에는 반짝이는 별들이 만들어지고, 땅에는 산과 골짜기와 강과 숲이 만들어졌지요.
　땅과 바다가 안정을 찾은 후 여러 가지 생물이 나타나게 되었어요. 바다에는 물고기가 헤엄쳤고, 하늘에는 새들이 날아다녔으며, 땅에는 네발짐승들이 돌아다녔지요. 사람이 만들어진 것은 그 후의 일이었어요.
　프로메테우스는 티탄이라고 불리는 거인 신이었어요. 사람을 만든 것은 바로 프로메테우스였지요. 프로메테우스는 땅에서 흙을 조금씩 떼어 물로 반죽하고 신의 모습을 본떠 사람을 빚었어요. 그리고 생명을 불어넣어 주었지요. 프로메테우스는 사람에게 서서 걸어 다닐 수 있는 능력도 주었어요. 그래서 사람은 다른 동물들과 달리 얼굴을 하늘로 돌려 별을 바라볼 수도 있었지요.

프로메테우스에게는 에피메테우스라고 불리는 동생이 있었어요. 프로메테우스는 먼저 생각하는 사람이라는 뜻이고, 에피메테우스는 나중에 생각하는 사람이라는 뜻이에요. 프로메테우스와 에피메테우스는 사람과 모든 동물들에게 살아가는 데 필요한 능력을 주는 일도 맡았어요.

실제 일은 에피메테우스가 하기로 했어요. 프로메테우스는 에피메테우스가 일을 잘 했는지 감독했지요. 에피메테우스는 동물들에게 용기와 힘과 속도와 지혜를 골고루 나누어 주었어요. 또 어떤 동물에게는 날개를 주고, 어떤 동물에게는 날카로운 발톱을 주었지요. 자신의 몸을 보호할 수 있는 딱딱한 껍데기를 받은 동물도 있었어요.

이제 가장 귀한 생명인 사람에게 능력을 줄 차례였어요. 그런데 이게 어찌 된 일일까요? 동물들에게 모든 능력을 다 주는 바람에 사람에게 줄 능력이 남아 있지 않았던 거예요. 나중에 생각하는 사람이라는 뜻의 이름처럼 에피메테우스는 일을 저지른 후에 형을 찾아가 도움을 청했어요.

프로메테우스는 곰곰 생각했어요. 만물의 영장인 사람에게 도대체 무엇을 주어야 할까? 프로메테우스란 먼저 생각하는 사람이라는 뜻이잖아요. 그리고 결심했지요. 다른 동물들은 다루지 못하는 불을 주어야겠다고 말이에요.

프로메테우스는 여신 아테나의 도움을 받아 하늘로 올라갔어요. 그리고 아폴론의 태양 마차의 뜨거운 불길에 횃불에 갖다 댔지요. 횃불이 타오르자

프로메테우스는 다시 지상으로 내려왔어요. 물론 그 횃불을 사람들에게 주었지요. 그 후로 사람들은 불을 다룰 수 있게 되었어요.

　사람이 다른 동물보다 훨씬 뛰어난 것은 불을 다룰 수 있기 때문이에요. 불은 금속을 녹여 도구를 만들 수 있게 해 주고, 몸을 데울 수 있게 해 줘요. 또 음식을 구워 먹을 수도 있지요.

　사람들의 생활은 프로메테우스 덕분에 점점 풍요로워졌어요. 하지만 프로메테우스는 신들의 불을 훔친 일 때문에 무서운 벌을 받게 되었지요. 제우스는 프로메테우스를 카프카스 산의 바위에 쇠사슬로 묶었어요. 또 독수리가 프로메테우스의 간을 쪼아 먹게 했지요. 프로메테우스의 고통은 영원히 끝나지 않았어요. 그 다음 날이면 간이 다시 자랐거든요.

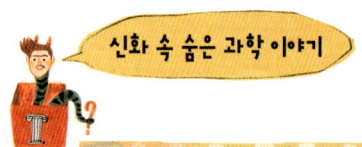
신화 속 숨은 과학 이야기

옛날 사람들은 모르는 것의 두려움을 극복하기 위해 신화를 만들어 냈어요. 신화는 비록 불완전했지만 나름대로 여러 가지 궁금증을 설명해 주었지요. 더 중요한 것은 신화를 토대로 점점 사람들의 지식이 쌓였다는 거예요. 비얼레인이라는 신화학자는 이렇게 말했어요.

"신화는 세상의 일들이 어떻게 일어나는가를 설명하려는 최초의 서툰 시도, 즉 과학의 선조이다."

창조론과 진화론

자식은 어미가 낳았고 어미는 그 어미의 어미가 낳았어요. 이렇게 계속 거슬러 올라가면 도대체 어디까지 갈까요? 최초의 어미는 과연 누구일까요? 사람을 비롯한 생명체는 맨 처음 어떻게 나타나게 된 것일까요?

옛날 사람들은 생명체가 저절로 나타날 리가 없다고 생각했어요. 그래서 신이 모든 생명체를 만들었다고 생각했지요. 이런 생각을 창조론이라고 불러요. 창조란 이전에는 없던 것을 처음으로 만들어 낸다는 뜻이에요. 세계 여러 나라의 신화에서 공통적

프로메테우스는 신들의 불을 훔쳐서 인간에게 전해 주었다.

으로 나타나는 창조론은 다음과 같은 두 가지의 큰 특징을 가지고 있어요.

첫째, 창조론에서는 모든 생물이 따로따로 만들어졌다고 생각해요. 사자는 사자로 만들어졌고, 코끼리는 코끼리로 만들어졌으며, 사람은 사람으로 만들어졌다는 거예요. 또 생물은 언제까지 자신의 모습을 유지하며 다른 생물로 바뀔 수 없다고 생각하지요.

둘째, 창조론에서는 신이 흙을 빚어 사람을 만들었다고 생각해요. 또 사람의 모습은 신을 닮았다고 생각하지요. 프로메테우스의 신화처럼 말이에요. 사실 사람이 죽어 땅에 묻히면 흙의 일부로 변해요. 그러니 옛날 사람들이 흙으로 사람을 빚었다고 생각한 것도 무리는 아닐 거예요.

창조론은 아주 오랫동안 믿어져 왔어요. 그런데 200년 전쯤 다윈이라는 과학자가 새로운 이론을 주장하기 시작했어요. 모든 생물은 하나의 조상으로부터 갈라져 나왔으며, 환경에 따라 끊임없이 변해 간다는 거예요. 이런 주장을 진화론이라고 부르지요. 진화론을 뒷받침하는 증거 가운데 하나는 옛날에 살던 동물들의 흔적인 화석이에요.

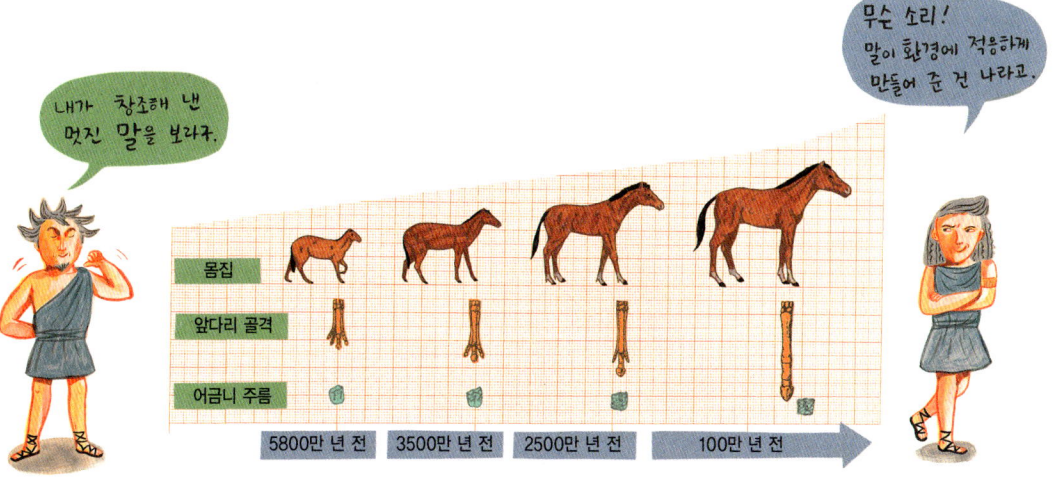

말의 진화 과정

말의 화석을 예로 진화론을 설명해 볼까요? 만일 말을 신이 만들었고 오랜 세월 말의 모습이 변하지 않았다면, 모든 말의 화석은 현재의 말과 똑같은 모습을 하고 있을 거예요. 그런데 말의 화석은 시대에 따라 조금씩 달라요. 이것은 현재의 말이 아주 오래 전에 살던 말의 조상으로부터 점점 진화해 왔다는 증거 아니겠어요?

과학자들은 자신의 이론을 뒷받침하는 여러 가지 증거들을 수집하고 정리해요. 그 증거들은 다른 사람들도 믿을 수 있을 만큼 정확하지요. 그래서 요즘에는 많은 사람들이 진화론이 옳다고 믿고 있어요.

여러 가지 동물의 분류

비가 온 후에는 길에서 꿈틀거리는 지렁이를 많이 볼 수 있어요. 지렁이는 등뼈가 없어서 몸이 아주 유연해요. 생물학자들은 지렁이처럼 등뼈가 없는 동물을 무척추동물이라고 불러요. 불가사리나 오징어도 무척추동물이지요. 나비나 매미 같은 곤충도 무척추동물이에요.

등뼈를 가지고 있는 동물은 척추동물이라고 불러요. 척추동물에는 어류, 양서류, 파충류, 조류, 포유류 등이 있어요.

물에 사는 물고기들은 거의 어류에 속해요. 동물은 숨을 쉬어야 살 수 있는데, 어류는 아가미라는 기관으로 숨을 쉬지요. 아가미는 물속에 녹아 있는 산소를 걸러 낼 수 있거든요. 어류는 한꺼번에 수많은 알을 낳아 번식을 하는데 어류의 알은 단단한 껍데기가 없어서 말랑말랑해요.

양서류란 물과 땅의 양쪽에서 살아가는 동물이라는 뜻이에요. 개구리나 도롱뇽처럼 물을 좋아하는 동물이지요. 양서류는 육지에서 살기 때문에 허파로 숨을 쉬어요. 하지만 피부가 촉촉하기 때문에 물가처럼 습한 곳을 좋아해요. 양서류도 물고기처럼 말랑말랑한 알을 주로 물속에 낳아요.

파충류에는 뱀, 도마뱀, 악어, 거북 같은 동물이 있어요. 중생대에 지구를 지배하던 공룡도 파충류였다고 해요. 파충류의 피부는 비늘이나 단단한 각질로 덮여 있어요. 그리스 신화에서 에피메테우스가 자신을 보호할 수 있는 딱딱한 껍데기를 주었다는 동물이 바로 파충류가 아닐까요? 파충류는 단단한 껍데기를 가진 알을 낳아요.

조류는 참새, 독수리, 펭귄 같은 새를 말해요. 그리스 신화에서 에피메테우스가 날개

를 주었다는 동물이 바로 조류예요. 조류는 날개를 가지고 있어 하늘을 날 수 있지만, 펭귄이나 타조처럼 날지 못하는 새도 있어요. 조류의 몸은 깃털로 덮여 있고, 파충류처럼 단단한 알을 낳아요. 어류와 양서류와 파충류의 체온은 바깥 온도에 따라 변하지만 조류와 포유류의 체온은 늘 일정해요.

포유류는 새끼를 낳고 젖을 먹여 기르는 동물을 말해요. 사람을 비롯해 사자, 기린, 코끼리 같은 동물이 포유류에 속하지요. 포유류는 가장 발달한 동물로 지구의 육지에 넓게 퍼져 살고 있어요. 고래는 물고기처럼 바다에서 살지만 포유류예요. 그래서 고래도 알이 아니라 새끼를 낳고 젖을 먹여 기르지요. 물론 아가미가 없기 때문에 가끔 숨을 쉬러 수면 위로 올라와야 해요.

세포와 기관

지금 지구에 살고 있는 동물은 1백만 종이 넘는다고 해요. 아무리 신이라도 이 모든 동물을 만들려면 아주 힘들었을 거예요. 하지만 과학자들은 그렇게 생각하지 않아요. 동물을 포함한 모든 생물은 아주 오래 전에 우연히 만들어진 최초의 생명체로부터 진화했다고 생각하지요. 우리가 아는 모든 동물은 오랜 세월 스스로 환경에 적응해 가면서 진화한 결과인 셈이에요.

모든 생물의 조상이 같다면 무언가 공통점을 가지고 있어야 하지 않을까요? 그 공통점의 하나는 모든 생물이 세포로 이루어져 있다는 거예요. 식물이든 동물이든, 또 큰 생물이든 작은 생물이든 말이에요. 아메바나 짚신벌레처럼 세포 하나로

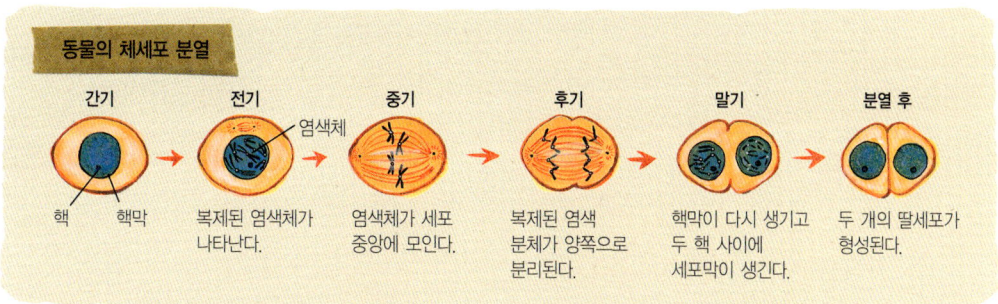

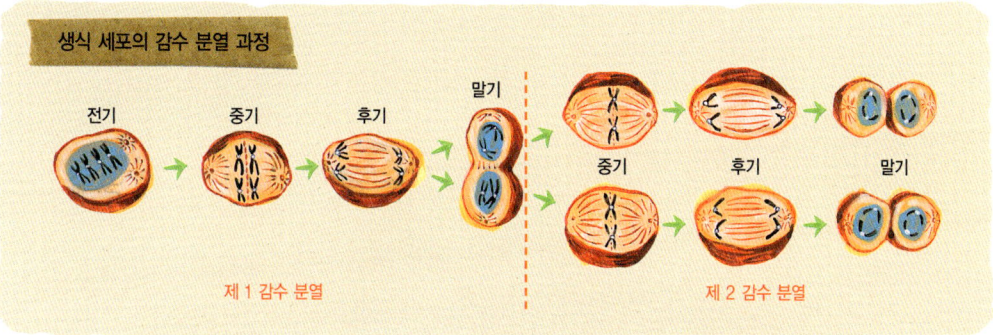

이루어져 있는 생물도 있어요. 이처럼 세포 하나로 이루어진 생물을 단세포 생물이라고 불러요.

　사실 모든 생물은 세포 하나에서 시작한다고 볼 수 있어요. 모든 생물의 씨앗이라고 볼 수 있는 알은 하나의 세포로 이루어져 있거든요. 알을 이루는 세포는 점점 여러 개의 세포로 나뉘어져요. 이 현상을 세포 분열이라고 부르지요. 초기에는 분열한 세포들이 모두 똑같아요. 하지만 세포가 어느 정도 많아지면 세포들은 서로 다른 성질을 갖게 되지요. 신경 세포, 뼈세포, 근육 세포 등으로 나누어지는 거예요.

　하나의 세포가 다양한 세포로 분열한 뒤에 각각의 세포들은 동물의 몸체를 이루기 시작해요. 동물의 몸은 서로 다른 역할을 하는 여러 기관으로 나뉘어져 있어요. 세포들이 이 기관을 모두 이루면 비로소 하나의 동물이 완성되는 거예요. 그럼 우리 몸속에는 어떤 일을 하는 기관들이 있는지 살펴보기로 해요.

호흡 기관에는 기관지와 허파가 있어요. 호흡 기관은 숨을 쉬는 일을 맡아요. 입과 코를 통해 들어온 공기는 기관지를 지나 허파로 전달되지요. 순환 기관에는 심장과 혈관이 있어요. 순환 기관은 피를 통하게 해 주지요. 심장은 마치 펌프와 같아요. 피를 밀어 혈관을 통해 온몸 구석구석 보내 주니까요.

소화 기관은 음식물을 양분으로 바꾸고 흡수하는 일을 맡아요. 여기에는 식도, 위, 십이지장, 작은창자, 큰창자 등이 있지요. 배설 기관에는 콩팥과 땀샘이 있어요. 배설 기관은 몸에서 생긴 노폐물을 밖으로 내보내는 일을 맡아요. 콩팥에서는 몸속의 액체 노폐물인 오줌이 걸러져요. 또 땀샘을 통해 나오는 땀에도 몸속의 노폐물이 포함되어 있어요.

감각 기관은 외부의 자극을 느끼는 일을 맡고 있어요. 눈, 코, 입, 귀, 피부가 감각 기관에 속해 있지요. 자극을 전달하는 신경계와 몸을 지탱하는 뼈도 기관의 일종이에요.

프로메테우스의 간

도마뱀은 아주 작은 파충류로 긴 꼬리를 가지고 있지요. 도마뱀의 꼬리는 신기하게도 잘리기 쉬운 구조를 하고 있어요. 큰 동물에게 잡혔을 때에는 일부러 꼬리를 자르고 도망치기도 하지요. 잘린 꼬리는 다시 자라기 때문에 걱정 없어요.

동물 중에는 도마뱀처럼 신체의 일부가 잘려도 다시 자라는 능력을 가진 것들이 있어요. 이런 능력을 재생이라고 부르지요. 지렁이나 플라나리아는 몸을 반으로 자르면 도막난 몸이 다시 자라 2마리가 될 정도예요.

사람에게도 어느 정도 재생 능력이 있어요. 누구든 돌부리에 넘어져 무릎에 상처를 입은 적이 있을 거예요. 이런 상처는 그냥 놔두어도 저절로 회복이 되지요. 부러진 뼈도 치료만 잘 하면 다시 원래대로 달라붙어요. 하지만 잘린 손가락은 다시 자라지 않아요. 사람의 재생 능력은 한계가 있는 거예요. 그런데 간은 우리 몸에서도 재생 능력이 아주 뛰어나다고 해요.

간은 오른쪽 갈비뼈 아래의 뱃속에 들어 있어요. 무게가 1.5킬로그램으로 꽤 무거운 편이지요. 간이 하는 일은 크게 두 가지예요. 첫째 우리 몸에 필요한 영양소를 담아 두었다가 필요할 때 쓰는 것이고, 둘째 우리 몸에 해로운 독을 걸러 내는 일이에요. 우리 몸에서 단백질이 분해될 때 아주 해로운 물질인 암모니아가 나오는데, 이 암모니아를 덜 해로운 요소로 바꾸어 주는 곳이 바로 간이지요.

간경화로 고생하는 아버지에게 자식의 간을 일부 떼어 이식했다는 뉴스를 본 적 있나요? 간경화란 간이 딱딱하게 굳어 기능을 제대로 하지 못하는 질병을 말해요. 이때 다른 사람의 간을 일부 떼어 이식하면 목숨을 구할 수 있지요. 간은 재생 능력이 좋기 때문에 일부를 떼어 내도 다시 자란다고 해요. 또 일부만 이식 받아도 시간이 지나면서 온전한 간으로 자라지요. 그래서 간을 떼어 낸 사람이나 이식 받은 사람이나

건강을 되찾을 수 있어요.

    자, 이제 프로메테우스의 시련에 대해 어느 정도 이해할 수 있겠지요? 옛날 사람들도 간의 재생 능력이 상당하다는 것을 알고 있었나 봐요. 그러니까 독수리가 프로메테우스의 간을 쪼아 먹더라도 다시 자란다고 하지 않았겠어요? 물론 이 이야기는 어디까지나 신화이니까 좀 과장된 부분이 있지만요.

    그리스 신화에 따르면 프로메테우스는 제우스가 최고의 신의 자리를 지킬 수 있는 비밀을 알고 있었다고 해요. 그 비밀을 제우스에게 털어놓기만 했다면 이런 끔찍한 형벌을 면할 수도 있었어요. 하지만 프로메테우스는 그것이 비겁한 일이라고 생각했지요. 그 일로 프로메테우스는 부당한 억압에 끝까지 저항한 영웅으로 숭배되고 있어요.